LA MER DE NICE

PARIS. — IMP. SIMON RAÇON ET COMP., RUE D'ERFURTH, 1.

LA
MER DE NICE

LETTRES A UN AMI

PAR

THÉODORE DE BANVILLE

PARIS

POULET-MALASSIS ET DE BROISE, ÉDITEURS

RUE DE RICHELIEU, 97 ET PASSAGE MIRÈS

1861

Tous droits réservés.

Salut à toi, jeune reine! Du soleil qui luit là-haut j'arracherai l'or rutilant et radieux, et j'en formerai un diadème pour ton front sacré. Du satin azuré qui flotte à la voûte du ciel, et où scintillent les diamants de la nuit, je veux arracher un magnifique lambeau, et j'en ferai un manteau de parade pour tes royales épaules.

Henri Heine, la *Mer du Nord*.

A MADEMOISELLE

MARIE DAUBRUN

Au temps même où j'écrivais près des citron-niers en fleur ces quelques lettres où se trahit la nostalgie des chênes et des prairies, Nice allait devenir française, et, pour lui faire connaître par avance les trésors qui devaient lui appartenir, vous lui révéliez les belles figures romantiques du drame moderne. Parfois aussi la folle Marinette empruntait votre voix d'or, à laquelle le rire épique de Molière convient aussi bien que les fureurs de Marie Tudor ou de la courtisane Théodora, et ainsi vos représentations me rendaient la patrie absente.

A son tour, un pauvre feuillet de journal essaye de ranimer pour vous la contrée des lauriers-roses; il vous parlera de la mer sans orages, dans ce Bruxelles si triste où vous évoquez de grandes ombres, en attendant que nous ayons épuisé les décors bleus et les spectacles de féerie mécanique. Cependant, le Paris de

Musset, de Gavarni et de Balzac, où l'imagination n'est plus reine, s'amuse comme un enfant, avec des ombres chinoises. Victime couronnée de fanfreluches, la littérature a, comme le théâtre, ses Pieds de Mouton et ses Poule aux œufs d'or, et telle Revue, qui fut naguère une scène imposante, exhibe aujourd'hui en grande pompe de prétendus jeunes poëtes parfaitement dignes de figurer parmi l'aimable troupe de bois du sieur Séraphin.

Henri Heine prévoyait sans doute cette éclipse de l'art élevé, lorsqu'il écrivait ses Dieux en exil ; mais la Belle au Bois Dormant ne peut pas dormir sans cesse. Elle s'éveillera tôt ou tard sous le baiser d'amour ; la vieille forêt romantique pourra tressaillir encore sous le souffle tout-puissant de Shakespeare, et vous, servante passionnée de la muse, vous aurez contribué pour votre humble part à cette résurrection, qu'appelle de ses vœux les plus ardents

Votre ami

T. DE BANVILLE.

Bellevue, le 1ᵉʳ novembre 1860.

A

JULIEN TURGAN

LA MER DE NICE

7 janvier 1860.

I

On dit que la Fortune accueille avec toutes sortes de préférences et de charmants caprices les joueurs qui risquent pour la première fois leur âme sur le tapis vert. La divinité de l'Imprévu, qui préside aux hasards du voyage, ne ressemble-t-elle pas un peu à cette courtisane dédaigneuse dont les caresses cherchent le passant le plus inconnu des autres et d'elle-même? Si je n'avais tout à fait cette superstition rassurante, je n'oserais guère vous écrire d'un pays aussi banal que la délicieuse petite ville de Nice, car le Revel, le Mérindol, le Mont-Chauve et le Mont-Boron n'ont pas un brin d'herbe que n'aient foulé mille fois les petits brodequins d'étoffe de nos Parisiennes; et le torrent Paillon, ce torrent furieux qui, par parenthèse, n'existe pas, est aussi inexorablement célèbre dans l'univers que la cascade où se reflètent les élégants sapins du bois de Boulogne. Et encore, où doivent aller mourir ces lignes que j'écris au hasard d'une plume impatiente, moins habituée à consigner des notes de touriste qu'à tracer les fermes contours d'une odelette à la Ronsard ou à entrelacer les six vers de la strophe épique? à cette même place où le plus habile artiste de notre temps a su faire vivre tant de pays inconnus, tant de terres lointaines, dont sa prunelle enchantée garde l'éblouissement dans notre pays de brume, avide d'action et de résultats matériels. Écrire un feuilleton de voyage pour ces colonnes[1] où le grand poëte Théophile Gautier a éparpillé tant de richesses, et où le plus jeune et le plus populaire des écrivains nouveaux a montré une fois de plus quelle est en France l'irrésistible séduction de l'esprit, ce serait sans doute une témérité impardonnable ; mais je ne commettrai pas la faute de l'avoir entrepris. Il est, vous le savez, de ces Parisiens obstinés pour qui l'univers finit au boulevard des petits théâtres, et dont la curiosité s'arrête aux ombrages de Meudon ou de Bellevue. Ils se figurent volontiers qu'au delà du chemin de fer de Ceinture ils trouve-

---

[1] Ces lettres ont paru pour la première fois dans le *Moniteur*.

ront les mangeurs de bosses de bison et les chasseurs de chevelures du capitaine Meine-Reyd. Si les implacables nécessités de la vie ou l'ordonnance du médecin les emportent à quelques centaines de lieues du ruisseau de la rue du Bac, ils s'étonnent très-naïvement de voir que l'on mange du pain, que l'on construit des maisons de pierre, et que l'on parle d'amour dans tous les pays du monde civilisé. J'ai été, je suis encore un de ces idolâtres de la ville éternelle qui font leur voyage de Grèce en contemplant le visage terrible et ingénu de la Vénus deux fois victorieuse, un de ces entêtés qui ne regarderont jamais l'Italie, sinon dans le miroir où se reflète la chevelure fauve de Violante, sinon dans cette redoutable île d'Alcine dont le Vinci fait flotter les cimes noyées d'azur derrière la figure mystérieuse de Monna Lisa. Mais la Faculté, qui, je l'avoue, a le droit d'être sceptique, ne croit pas que l'ardent soleil emprisonné sur les toiles de Titien et du Véronèse soit suffisant pour guérir les névroses; elle m'ordonne le vrai soleil de la nature et de la vie, et me voilà condamné à savoir par expérience ce qui passe par l'esprit d'un poëte parisien exilé de la terre bénie où il avait mis avec une indicible partialité les Cyclades, les Florides, les îles d'Avalon, tous les paradis habités par les fées du Désir et de l'Espérance. Cela, du moins, je puis vous le dire aussi sincèrement que personne; et qui sait si cette simple confession, achevée en toute humilité de cœur, ne fournira pas quelque jour une note de deux ou trois lignes à l'un des historiens de mœurs qui essayent en ce moment de rassembler les innombrables comparses d'une nouvelle Comédie Humaine?

Me voilà à Nice, dans cette bourgade du soleil et des fleurs où Paganini est venu mourir, quand ce cygne effaré d'amour se lassa d'être Orphée dans un temps où les rochers se soucient médiocrement de venir écouter les modulations du luth, et où les tigres ne se dérangent pas non plus, si ce n'est pour venir dévorer le poëte lui-même. Hélas! il est brisé à jamais, cet œuf mystérieux de Léda en qui s'agitaient unies les deux créations; elle a été emportée par le torrent glacé, cette lyre qui faisait frissonner et frémir une seule âme dans le sein des hommes et dans le feuillage échevelé des plantes! Les lions de l'Atlas n'aiment pas la musique; et nous, comme des virtuoses blessés dans leur amour-propre, nous leur envoyons des balles cylindriques, dont le plomb s'éparpille en mille éclats fulminants dans le gouffre de leurs entrailles. Ah! sans doute, les poëtes lyriques ont imaginé là un admirable moyen de combattre l'indifférence des bêtes fauves en matière d'art; mais ce moyen ingénieux et sûr, comment feront-ils pour l'appliquer à l'indifférence des petits journaux et des éditeurs, et aussi à la méchante humeur de la bien-aimée? Le lieutenant de spahis Gérard a vengé de la froideur des lions ceux qui succèdent, tant bien que mal, à l'harmonieux époux d'Eurydice; mais qui vengera Balzac de certains articles modérés? Qui vengera le poëte d'Atta Troll des dédains de la petite Juliette, qui posait ses pieds blancs comme des lis sur la fourrure du monstre héroïque si cruellement mis à trépas par le silencieux Lascaro, par le fils mort de la sorcière?

Paresseusement arrêté près d'un parapet, en face du magasin sur lequel j'ai lu cette enseigne: *Alphonse Karr, jardinier;* appuyé contre les murs de pierre qui ne contiennent pas le torrent Paillon, les yeux fixés sur le sable noir et desséché que le torrent Paillon n'arrose pas, je revois invinciblement cette terrible, cette grandiose, cette effrayante tête de Paganini, si impérieusement modelée par le génie et par la douleur. Ses yeux flamboyants et caves étaient comme un abîme profond, oh! si profond! où semblait rouler en vagues sinistres l'océan infini du désenchantement. Ses sourcils en épaisses broussailles se hérissaient pour protéger ce regard avide tant de fois blessé; sa narine dilatée cherchait un air libre; sa bouche était tordue à la fois par l'extase et par l'ironie, et, sur son cou maigre et puissant, ses beaux cheveux, comme des serpents lassés, déroulaient leurs spirales caressantes. O Paganini! Malibran! vous tous qui chantiez dans le vide, recueillant partout l'or, l'admiration, les lauriers, mais jamais, jamais ici-bas le baiser d'une âme; ô voix éperdues, cygnes sanglants, digne race d'Orphée, que vous avez eu de force pour souffrir!

S'il dut y avoir un jour de repos, une heure d'oubli pour le démon du chant, pour le violoniste jaloux, pour l'enchanteur du bois sonore qui succombait sous la magie de ses propres enchantements, ce fut sans doute dans ce Nice mélodieux et calme qui porte en lui une si intense faculté d'apaisement; intense au point d'être redoutable pour quiconque veut créer, pour celui qui ne veut pas s'endormir sans avoir fini sa tâche et sans avoir travaillé jusqu'au soir dans la vigne de son père. Ici, le climat tiède, le ciel chaud et bleu en décembre, l'hiver vêtu de rayons, la persistance d'une floraison insensée et féerique, la mer surtout, la mer avec son chant de berceuse enamourée, tout vous dit : Endors-toi, rien ne vaut la peine de rien ; laisse-toi mourir, laisse-toi vivre! Qui dira l'irrésistible séduction de cette Méditerranée à peine plissée par le vent en tout petits plis ondoyants comme la tunique légère d'une nymphe endormie? Azur et lapis, là, noyée dans le bleu tendre, plus loin foncée et splendide, partout adorablement bleue et mille fois plus que le ciel lui-même, elle ne veut rien savoir de la mélancolie qui nous déchire, elle est partout sereine et implacable comme la joie. Ce qu'elle roule, c'est un firmament liquide où se baigne chaque nuit le troupeau glacé des étoiles ; celles qui l'habitent, ce sont des divinités insensibles et souriantes qui rajeunissent dans cet infini de béatitude leurs corps parfumés d'une immortelle ambroisie. A cette mer céleste, qui dénoue en soupirant sa folle ceinture d'écume, ne dites pas : Je veux lutter, je veux travailler; elle vous renverra à la forte patrie où l'Océan menace, gronde et s'irrite, parlant de combats et d'éternité, mais parfois gourmande l'homme d'une voix paternelle, sachant que lui aussi porte dans son sein les noirs orages. Elle vous renverra à nos épais feuillages agités par le vent, qui, comme nous, naissent, vivent et meurent, puisant chaque fois dans la mort une plus grande énergie de vivre. Ici, hélas! c'est le paradis à la porte duquel on laisse toute désespérance! Oui, et toute force. Nous, les damnés et aussi les héros de la vie moderne, s'il nous fallait sourire à jamais aux pieds de cette alanguissante Armide, nous dirions volontiers : Qu'on nous rende la glace, la neige, les cruels soucis, le travail incessant, l'amour et ses fureurs, la lutte vivifiante, et toi surtout, nourrice cruelle et robuste, sombre terre des chênes!

II

Mais non, la révolte ne saurait durer en face de cette immense coupe de félicité où ruisselle le bonheur visible. C'est ici, c'est ici que je vois distinctement flotter les robes bleues des Sirènes. Devant moi, autour de moi, au loin, à l'infini, toujours ce bleu ineffable dans lequel un gouffre de lumière incendiée s'ouvre quelque part, nappe flamboyante, lac d'or en fusion, noyé dans l'azur qu'il dévore de ses flammes vives et qui le submerge de ses ondes voluptueuses. La nuit, cette nappe est d'argent, blanche d'une blancheur d'étoiles, faite de clartés sidérales, pareille à la tente de diamant jetée au-dessus des palais de cristal de roche dans lesquels les triomphantes Néréides, nues et parées de corail, dansent sans bruit aux chansons des vagues lumineuses. Sur cette vaste mer éclatante, polie et limpide comme un saphir démesuré, on ne voit pas passer de navires, et elle n'en a pas besoin pour être vivante. Elle ne veut rien qui rappelle l'homme ; elle est la mer azurée des dieux, faite pour porter les Vénus et les Amphitrites, dont la main y caresse des guirlandes et des bouquets d'astres ; à peine quelquefois une petite barque, fine, légère, à la voile blanche, vole en rêvant sur la cime des flots paisibles, comme une colombe d'Aphrodite qui s'enfuit aux bosquets de Cypre et tout à l'heure se posera dans les lauriers-roses. Au milieu du flot bleu céleste, des îles verdoyantes, baignées de lumière, appel-

lent le promeneur vaincu et semblent lui dire :
« Viens à nous, oublie tout le reste, nous n'avons jamais connu que le repos, la félicité, le silence, la causerie amoureuse du soir, sous les bosquets de parfums et d'ombre. » Ce sont les îles Sainte-Marguerite, où a été torturé le Masque de fer.

Mais la douce mer Tyrrhénienne ne se rappelle pas non plus l'histoire. Elle est le lac d'Oubli placé à la porte du paradis, et qui contient le désir effréné du repos. Et, sur ses bords, de quelle grâce hypocrite vous enlace ce décembre en habit de printemps, vêtu de verdure et de fleurs! Sur les orangers au sombre et et abondant feuillage, voici les fruits d'or groupés en grappes vermeilles; voici des palmiers que n'a pas brûlés le rouge soleil du désert; mais surtout, dans les parcs, dans les jardins, dans les haies du chemin, sur les montagnes, oh! que de roses! Toutes sont fleuries et sans cesse refleurissent; leur haleine imprègne tout l'air qu'on respire. Tendres fleurs, comme maladives, aux couleurs pâles, elles ne ressemblent en rien aux roses orgueilleuses de nos jardins, qui sont comme le symbole de la passion dominatrice et triomphante ; celles-ci se penchent au-devant du malade et l'accueillent ; elles éteignent leur pourpre triomphale pour ne pas offenser ses regards par trop d'éclat. Mais ce n'est là qu'une flatterie ; ces pâles sultanes aux façons romantiques jouissent d'une santé de fer, et seules peut-être habitent Nice uniquement pour leur plaisir. Quand vous passez à côté d'elles, elles vous regardent d'un air élégiaque ; on croirait qu'elles vont rendre l'âme. Pure grimace. Le cruel vent d'est, si justement redouté des Anglais voyageurs, ne froisse même pas leurs corolles, en apparence si délicates. Le jour où Nice périra, il sera certainement enterré sous une forêt de rosiers. Lorsqu'on joue ici *il Trovatore* ou *la Traviata*, et que la cantatrice réussit, on lui jette des bouquets de roses si gros, qu'ils constituent pour elle un véritable danger. Si les habitants de Nice le voulaient, ils pourraient demain joncher de roses tous les pavés de leurs rues, et il en resterait encore sur leurs arbres. C'est ainsi que cette petite oasis existe en plein conte de fées, si heureuse de voir la mer et le ciel, que l'on n'y trouverait pas un tableau ni une statue, ni même, je crois, un poëme, bien que le descendant authentique des Visconti de Milan dirige un admirable cabinet de lecture où les Anglais étudient consciencieusement nos revues sous les orangers. Les maisons même du nouveau Nice ont l'air d'un décor de féerie, ornées qu'elles sont de fresques légères, bizarres, brossées par des mains follement hardies, et qui représentent sur des murs nus toutes les ciselures et les découpures de l'Alhambra. Sans doute on aurait pu sculpter tout cela au lieu de le peindre, mais à quoi bon? Pour les élus de ce paradis des roses l'heure présente est l'éternité elle-même ; et pourquoi des maisons réelles devant cette mer qui peut-être n'est qu'un songe créé par la baguette d'un enchanteur ?

Le vieux Nice, au contraire, est une ville réelle, aux rues étroites, bâties pour éviter le soleil, et pavée de petites dalles de granit. Comme dans nos vieilles villes de France, ces ruelles sont un marché perpétuel, où les boutiques toutes primitives, sans autre jour que leurs larges portes, présentent aux yeux des encombrements et des fouillis d'oripeaux aux couleurs vives. La boutique d'ailleurs est sur le pavé de la rue aussi bien que dans la maison. Les acheteurs et les marchandises grouillent pêle-mêle avec les fées Carabosses qui vendent ces chiffons peinturlurés au temps du déluge. Des charcutiers et des boulangers font leur commerce à côté de ces étranges magasins de nouveautés ; on y voit aussi un pharmacien dont l'officine est établie dans une cave, mais qui a fait peindre sur sa porte les portraits en pied d'Hippocrate et de Galien. C'est là que nous pleurons une fois de plus les progrès de la civilisation, au sujet de l'aquarelle fantaisiste. Une boutique à arcade avec une vieille en fichu rouge assise sur le pas de sa porte, quelques paniers d'Orient remplis de figues et de pâtes couleur de safran, un balcon renflé à la Louis XIII, en fer curieusement ouvragé, sur un mur noyé dans une ombre chaude que déchire un jaune rayon de soleil, voilà tout de suite un chef-d'œuvre pour Decamps ou pour Isabey. Pour nous consoler de perdre peu à peu tous ces motifs de peinture pittoresque, nous avons besoin de nous persuader que la photographie réalisera un jour le programme si souvent proclamé par les baraques de la foire, et qu'elle nous fera voir à la fois, sur un petit morceau de papier, la terre, la mer, le ciel, les arbres, les maisons, les hommes, les femmes, les animaux, les poissons, le soleil, la lune et les étoiles. Et encore je m'associerais volontiers aux regrets de ce paysan naïf qui désirait avoir un portrait de sa bonne amie et qui demandait s'il ne serait pas possible de la photographier de souvenir.

Il y a quelques heures, je suis sorti de la ville par le *décor de tragédie.* Les jeunes diplomates exilés à Nice appellent ainsi le portique romain ouvert dans les maisons blanches à terrasse qui dominent la mer. En effet, ce portique à colonnes, devant lequel s'étend l'immensité bleue, fait volontiers songer à Racine ; mais, hélas ! il n'y a personne ici pour réciter les vers d'*Andromaque*, et, en passant l'autre jour devant le Cannet, où l'herbe, malgré décembre, était partout constellée de pâquerettes et de boutons d'or, j'ai revu pour la dernière fois l'ombre de celle qui a emporté dans un pli de sa robe la grande poésie, les beaux vers, la lyre olympienne et la harpe frissonnante de Sion, tout ce qui fut notre légitime orgueil avant que nous eussions trouvé le moyen de placer notre espérance sur les futurs chefs-d'œuvre de l'art réaliste. J'ai suivi la promenade des Ponchettes, qui conduit à la haute et verdoyante montagne appelée encore le Château. Ce beau promontoire isolé, haut de quatre-vingt-treize mètres, est jusqu'à son sommet ombragé de pins et de lauriers; tous ses chemins, en labyrinthe, sont bordés de rosiers fleuris. De grands cactus, d'immenses aloès aux feuilles aiguës comme des glaives, égayent la sombre verdure. A la place où subsistaient encore quelques ruines du vieux château, on a bâti il y a quelques années une élégante terrasse aux balustres de terre cuite, pavée avec cette mosaïque de cailloux si employée à Nice. Rien de magique comme le spectacle qui se déroulait de là sous nos pieds. Ici la vaste mer de saphir; d'un autre côté le petit port de Limpia, véritable jouet d'enfant façonné pour les loisirs de quelque Titania adolescente, et qu'on serait tenté de ranger dans un coffret de cèdre, avec sa mer d'émeraude et ses jolis petits navires en miniature. Et partout les montagnes formant amphithéâtre, agitant leurs chevelures d'oliviers et faisant ressortir la blancheur ineffable des pics déserts couverts de neige. Assis sur un des bancs verts qui bordent la haute terrasse, je regardais monter, par les chemins pleins de roses, les jeunes demoiselles anglaises aux petits chapeaux plats ornés de plumes. Elles étaient elles-mêmes roses comme ces douces et riantes fleurs d'hiver; elles portaient dans leurs grands yeux ingénus tout l'azur des lacs de leurs pays, et des résilles de soie contenaient à grand'peine leurs chevelures, qui ont exactement la nuance de l'or. Le ciel, à peine adouci par quelques légères nuées, était tout brillanté de blanche lumière; autour de moi tout était repos, joie et parfums, et je me demandais s'il ne serait pas possible de rester là toujours. Mais on quitte même les paradis, et pour les plus vulgaires des motifs, pour manger une côtelette à la milanaise et pour aller applaudir *Maria di Rohan* au Grand-Théâtre. En redescendant, au milieu de cent autres inscriptions du même genre, creusées sur les feuilles aiguës et majestueuses des aloès, j'ai lu celle-ci : « J'aime Alphonsine pour jamais, 1857. » Les fanatiques du style lapidaire n'ont pas plus peur du ciel que du granit et ne respectent pas plus les arbres que les cathédrales.

III

Le petit port de Limpia, que j'ai visité au retour, est encore plus séduisant de près que de loin. Les aimables navires si bien peints et vernis qui s'y reposent semblent pourtant ne venir de nulle part et n'aller nulle part, et bien plutôt ils ont été ciselés pour le plaisir des yeux par quelque bimbelotier épris des joujoux et des marionnettes. Dans un coin du port, à deux pas de la mer, des sources d'eau vive jaillissent du sable fin, et des femmes du peuple, vêtues de haillons égayés çà et là d'un chiffon écarlate, viennent laver leur linge dans ces flots clairs comme du cristal. Elles n'ont pas du tout peur de la mer, leur voisine, chantent elles-mêmes, au risque de lui couper sa chanson monotone, et semblent établies là comme chez elles; moins chez elles cependant que les marchandes de fruits et de légumes, qui, un peu plus loin, placent leurs tréteaux au beau milieu du sable sur lequel est censé rouler le torrent Paillon, si inutilement emprisonné par des quais magnifiques. Ce torrent, ce fleuve dont la prétendue présence justifie seule celle d'un vieux pont et celle d'un pont neuf récemment construit, ne possède pas une seule goutte d'eau, et son sable, déchiré par la soif, appelle avec anxiété un jour de pluie. J'étais, je l'avoue, irrité et humilié d'entendre appeler torrent un cours d'eau purement idéal, et je me suis permis contre le discret Paillon quelques-unes des plaisanteries si fréquemment usitées à propos du Mançanarès. Les Niçois m'ont répondu que j'avais bien tort de rire, et je me le suis tenu pour dit. Il paraît qu'à certains intervalles indéterminés, la neige se met à fondre et dévalle du haut des montagnes voisines. Aussitôt un homme, porteur d'une trompette, s'avance dans le lit du fleuve et exécute une fanfare. A la première note poussée par ce virtuose, marchandes, tréteaux, légumes et fruits, tout a disparu en un clin d'œil; et il n'était que temps, car alors le Paillon existe, il existe même à l'état de torrent sauvage, furieux et déchaîné; il couvre les ponts, il engloutit les quais de pierre, il déracine les orangers, les palmiers et les aloès; un peu plus il boirait la Méditerranée d'azur avec sa nappe d'or. Telle est la fidèle légende du Paillon ; je vous la raconte pour l'avoir entendu raconter, mais je dois à la vérité de déclarer que, dans l'espèce, le Paillon m'est apparu comme un fleuve abstrait et purement mythique. Hamlet dit : « Il y a au ciel et sur la terre bien des choses que nous ne saurions voir ; » le torrent Paillon est, au premier chef, une de ces choses-là.

Je n'ai pas mieux vu cette innombrable foule d'Anglais qui, me disait-on, s'abat chaque année sur Nice comme une nuée de sauterelles. Quelques Anglaises seulement, jeunes et charmantes, arborent les robes d'été, comme si nous étions sérieusement sous les tropiques. Nice, qui ne s'inquiète de rien, s'étonne et s'afflige un peu cependant de ne pas voir commencer la pluie de banknotes qui était naguère pour la Sardaigne ce que les inondations du Nil sont pour la fertile Égypte. Que peuvent être devenus les Anglais ? A coup sûr, pourtant, ils ne sont pas allés à Londres. Déjà je vois poindre comme une vague mélancolie sur le visage de mon hôte, qui récemment a marié ses trois filles en leur donnant à chacune cent cinquante mille francs de dot. En vérité, je crois que l'adorable mer de Nice est un appât destiné à attirer les étrangers de distinction. Si les Anglais n'arrivent pas, je crains qu'on ne la roule sur un cylindre et qu'on ne la range dans le magasin des décors. Ce firmament liquide glacé d'argent n'est pas naturel, et je surprends sur le front des Niçois des grimaces inquiétantes.

Quoi qu'il en soit, il faudra bien, bon gré, mal gré, que l'on nous laisse la Méditerranée encore quelque temps, car nous avons à Nice tout un public de reines et de princesses devant qui il ne sera pas possible de finir si brusquement la comédie. S. M. l'impératrice douairière de Russie; S. M. la reine douairière de Danemark, belle-mère du roi actuel; S. A. S. la princesse Marie de Leuchtenberg, sa fille et ses deux fils; S. A. I. la grande-duchesse de Bade, tante de l'empereur Napoléon III; S. A. S. le duc d'Oldenbourg, frère du duc régnant; S. A. le duc de Sleswig-Augustenbourg, prince médiatisé, parent de la reine de Danemark; S. A. le prince de Stirberg, ancien hospodar; S. A. le prince Stourdza et le duc de Dino, fils de la princesse de Sagan, marié à mademoiselle de Sainte-Aldegonde, habitent en ce moment les palais de Nice, et donnent à cette petite ville de loisir l'éclat imposant d'une capitale. M. le comte de Montalivet est à Menton. Le monde artiste est brillamment représenté par Tamburini, par madame la baronne Vigier, par M. et madame Carmouche, madame Carmouche qui fut cette Jenny Vertpré si fêtée, si heureuse, l'esprit même de la chanson, du poëme improvisé et de la comédie légère; et enfin par M. Megret, chargé d'exécuter la statue du maréchal Masséna. On sait que ce monument historique sera érigé grâce à une liste de souscriptions, en tête de laquelle l'Empereur s'est inscrit pour la somme de mille francs.

Le 9 janvier aura lieu, au Grand-Théâtre, le bal des Français, hautement protégé par notre consul, M. Léon Pillet, et par des dames patronesses choisies dans les rangs les plus élevés de la société. Déjà les couturières, les joailliers, les coiffeuses, ne savent à qui entendre, et les douaniers du Pont-du-Var ne sont occupés qu'à ouvrir et à fermer les caisses miraculeuses qui arrivent de France. Les velours, les soieries, les dentelles, les joyaux d'argent ciselé et émaillé, les rivières, les grappes, les bouquets, les girandoles de diamants montés à neuf pour cette circonstance par quelque Florentin de Paris, encombrent en ce moment les caisses du chemin de fer de Marseille et les diligences de la Compagnie générale du Var. Quelques dames font même la folie d'acheter à Gênes des fleurs naturelles et de les expédier à la bouquetière de Paris, qui les tordra en guirlandes, en bouquets de corsage et en coiffures de bal. Ce n'est pas du moins une folie vulgaire, mais bien un vrai jeu de princesse ou de reine réalisant l'impossible, et ne se tenant pas pour satisfaite si elle n'a pu jeter sur ses épaules une robe de soleil et une écharpe couleur de lune.

Moi aussi, j'attends avec impatience cette fête des violettes et des roses mêlées aux rubis, aux topazes et aux escarboucles ; mais, comme je ne vois d'ici là aucun moyen d'embellir mon habit noir, qui, d'ailleurs, est tout battant neuf, je pars pour les grands voyages, pour Monaco et Menton, où je trouverai, me dit-on, les plus beaux paysages du monde. Cependant que fait-on là-bas dans le pays d'Alfred de Musset et de Lamartine? Ah! si le torrent de notre poésie, un moment arrêté et desséché après tant d'inondations fécondes, doit quelque jour déborder à nouveau comme le torrent Paillon, prévenez-moi ; mais non, mon pressentiment me le dira, et, quoi qu'il arrive, je serai là à mon rang au premier cri de la trompette.

28 janvier 1860.

V

Le Paillon existe! Il y a bientôt deux se-
maines de cela, les neiges ont fondu, elles ont
dévallé du haut des montagnes, et le torrent
impétueux, farouche, roulant de la fange et
des cailloux dans ses eaux bourbeuses, cou-
vrait les ponts, les quais de pierre, et se préci-
pitait dans la mer avec un fracas horrible.

C'était la nuit, et je n'ai eu aucune nouvelle de l'homme à la trompette ; mais il aurait fallu dormir du sommeil de Frédéric Barberousse pour ne pas entendre le bruit de la mer, qui ressemblait à des coups de canon mêlés à des sanglots et à des mugissements. La calme, l'amoureuse Méditerranée était en pleine révolte, elle grondait avec une rage folle. Ah! comme elle avait laissé là tout son manége de regards bleus et de sourires! Voilà bien, en effet, les abominables colères de la courtisane! Irritez un peu cette belle jeune fille à la lèvre malicieuse; que la haine fasse bondir son cœur; que le sang monte à son visage enfantin; que le dépit fasse trembler ses doigts de lis, vous n'aurez plus devant vous qu'une mégère cruelle et échevelée, vomissant les plus effroyables injures, belle encore, mais de la beauté des furies vengeresses. Elle aussi, cette Méditerranée à la voix de lyre, cette magicienne rajeunie à l'aide de je ne sais quel fard immortel, elle était belle sans doute avec ses grandes vagues vertes et noires, frangées d'une sinistre écume, que regardaient avec leurs yeux sanglants les phares de Villefranche et d'Antibes, avec ses cris furieux, avec ses hurlements de géant vaincu; mais n'aurait-on pas pu dire en regardant sa haineuse démence : Voilà donc la charmeresse que j'ai tant aimée!

Ce coup de mer, comme on nomme, à ce qu'il paraît, ces orageuses fantaisies, a été le plus violent qu'on eût vu depuis vingt ans; la mer déchaînée est entrée dans les jardins des villas, où elle a brisé et emporté pêle-mêle, dans ses jeux féroces, les orangers, les rosiers, les cactus, et même ces riantes statues qu'elle avait l'air de contempler avec tant de plaisir lorsqu'elle faisait semblant d'être une mer ivre de calme et d'immuable azur. Ah! perfide comme une femme, pourrait dire cette fois Shakspeare, perfide et violente comme une femme! Non-seulement la Méditerranée a escaladé les murailles et dévasté les jardins, mais aussi elle est un peu entrée dans les maisons, et plus d'un dormeur insouciant a pu recevoir ses brutales caresses dans le lit même où il l'avait attendue en dormant, comme l'homme de la Fontaine attend la Fortune. Un navire qui venait de Gênes, et qui portait la famille et les domestiques du nouveau gouverneur, a failli périr avant de pouvoir entrer au port. Ce navire avait pour capitaine un vieux marin expérimenté, qui dut croire tout perdu, et qui avoua à ses passagers sa triste conviction. Aussitôt tout le monde se mit à genoux, et, sous la fureur des vagues qui couvraient le vaisseau agonisant, matelots et passagers adressèrent au ciel une fervente prière. J'ai le courage de croire que ce précieux acte de foi les a sauvés, et, si Hercule veut que le charretier embourbé s'aide lui-même, le Dieu vivant n'a besoin que de notre confiance en lui pour nous arracher à des dangers qui nous semblaient inévitables.

Vers 1834, je crois, par un coup de mer semblable à celui-ci, un autre navire venant de Gênes se trouva dans la même situation désespérée. Dans l'impossibilité où ils étaient de porter à leurs frères en péril un secours matériel, les habitants de Nice voulurent du moins leur donner l'espérance et les consolations suprêmes. Le clergé de Nice, en grand costume et accompagné des autorités de la ville, se rendit sur le rocher des Ponchettes, sous lequel la mer s'engouffrait avec un bruit horrible, et, du haut de ce roc battu par les vagues, envoya le pardon et la bénédiction du ciel aux passagers en détresse, qui, pieusement agenouillés, reçurent avec recueillement ces dons inestimables. Ce fut, assure-t-on, une des scènes les plus simplement grandioses que l'esprit puisse se figurer. Le navire ne put être sauvé, mais les passagers furent tous recueillis par une barque grecque, et il leur a été permis de s'agenouiller dans un temple de pierre pour remercier le Dieu qui est présent aussi dans les orages des cieux et dans les tempêtes de la mer. Quant à la Méditerranée, il serait bien difficile de trouver un moment propice pour lui reprocher ses perfidies. Au lendemain d'une scène pareille, elle a repris ses fraîches couleurs, son regard lumineux et ineffable; elle soupire son chant d'amour écrit en vers saphiques, et fait semblant de ne pas savoir ce que vous voulez lui dire : « Mais, s'écrie l'amant indigné, et ces jardins pleins de ruines vivantes, ces orangers dont les racines brisées et mises à nu traînent sur le sol, ces rosiers mourants, mutilés, dépouillés si cruellement de leur fraîche parure! » Querelle inutile : la sirène, follement baignée dans ses crêpes bleus attachés par des agrafes de saphir, murmurera à votre oreille que vous rêvez et qu'un sylphe, jaloux de sa réputation, a fait tout le mal. « Et d'ailleurs, dit-elle à voix basse, ne sens-tu pas bien que je t'aime? Sans cela, est-ce que je te regarderais avec ces prunelles tremblantes d'azur? est-ce que je te bercerais avec cette voix mélodieuse? » Depuis qu'il existe des hommes, les hommes se rendent à des raisons pareilles, et le lion amoureux n'en a jamais eu de meilleures que celles-là pour se laisser limer les dents et couper les ongles.

Le torrent Paillon, lui, a montré plus de suite dans les idées, et, comme on dit en politique, il a eu le courage de son opinion. Il n'a pas jugé qu'il fût convenable de reprendre brusquement le rôle d'un torrent inoffensif après avoir occupé de lui par des fanfaronnades si éclatantes. Pendant trois ou quatre jours encore il a continué à rouler des pierres et de la boue avec un air de mauvaise humeur, et il a exilé les laveuses, dont les mouchoirs rouges font un effet si heureux dans son lit desséché, lorsqu'elles se penchent pour laver le linge dans les filets d'eau vive. Les livres sur Nice, qui d'ailleurs sont tous copiés scrupuleusement l'un sur l'autre, m'avaient appris depuis longtemps que le Paillon descend de la grotte Saint-André; mais, ne croyant pas à l'existence du Paillon, j'avais cru tout à fait inutile d'aller découvrir les sources de ce Nil en miniature. A jamais guéri de mon erreur, je n'ai vu aucun obstacle à entreprendre ce voyage qui dure une heure, et au bout duquel on trouve un spectacle merveilleux, digne d'être reproduit dans un de ces poëmes où les génies surhumains et les grands anges vivent leurs amours idéales dans les paysages que n'a pas encore détruits la main brutale de l'homme.

V

Le chemin qui mène à Saint-André côtoie, en remontant son cours, l'inévitable torrent

Paillon. A peine est-on sorti de Nice, la route se trouve encaissée entre deux rangs de montagnes. Sur ces hautes et verdoyantes cimes qui déchirent le ciel, grimpent, comme des soldats qui se précipitent à un assaut, d'innombrables groupes d'oliviers, de pins et de chênes verts qui, courbant du côté des sommets leurs troncs et leurs chevelures, semblent, en effet, entraînés dans un mouvement rapide. Tantôt le sol de la montagne est une roche noire ou grisâtre, tantôt, en des parties ouvertes et meurtries, il a les tons les plus riches d'ocre, de pourpre, de jaune vif; et ces magnificences de pierres précieuses réjouissent l'œil, reposé par les immensités de verdure sérieuse et forte. Ces grands monts pleins de vie, colosses de pierre et forêts luxuriantes de feuillage, ce n'est pas l'Italie, c'est la Provence encore; ce sont les mêmes solitudes, pleines de recueillement et de silence, mais pleines aussi de joie, que j'admirais au sortir de Fréjus, avant d'arriver à l'Estérel. Tout y est grand et hospitalier; pas de clôtures, pas de barrières sur ces pics sublimes qui se regardent entre eux, brillants de couleurs flamboyantes, embellis d'une verdure qui fait partie d'eux-mêmes et que ne flétriront pas les vents du ciel. Les oliviers chargés de fruits tendent leurs branches à la main du premier venu; les petits chemins creusés dans le sable couleur de topaze, couleur de rubis et couleur de rose, appartiennent aux passants et aux hirondelles; les moulins et les cabanes nichés sur le bord des torrents, les ponts rustiques jetés sur les ruisseaux, seraient trop petits pour pouvoir gâter le vaste décor, lors même qu'ils seraient bâtis avec la dernière platitude; mais, au contraire, pas une de ces petites constructions qui ne soit un chef-d'œuvre de fantaisie pittoresque. Dans les solitudes de l'Estérel, on ne trouverait pas ces armées d'ouvriers si habiles à donner l'air bête et mesquin à tous les ouvrages d'architecture qui ne sont pas des monuments. D'ailleurs, quelle énormité choquerait l'œil, si divinement apaisé par la verdure ineffable des oliviers?

Si aimable, si triste, si rêveusement mélancolique, elle tamise le bleu du ciel, et lui donne une infinie douceur qui prend l'âme et la garde perdue en un rêve que rien ne trouble. Et l'arbre lui-même, le bois, le tronc courbé, les branches inclinées et mouvantes qui semblent exprimer par leurs attitudes je ne sais quelles secrètes aspirations, a une vie qui lui est propre. Jamais deux oliviers ne se ressemblent; chacun d'eux est une personne, chacun d'eux transforme par un aspect nouveau la grâce douloureuse qui leur est commune à tous; on sent que ces géants silencieux auraient bien des choses à dire s'ils pouvaient parler. Où ont-ils appris à penser, comme nous voyons qu'ils pensent? Il y a quelques années, un charmant écrivain racontait en vingt lignes déchirantes la légende du Christ fouetté avec des branches de saule par les soldats qui le mènent au supplice. Depuis ce temps-là, disait-il, les saules pleurent. Et ceux-ci, les pâles oliviers, n'est-ce pas de ces heures désolées où, comme torture suprême, le Sauveur acceptait en son âme l'irréparable misère du doute, n'est-ce pas alors qu'ils ont appris de lui à courber le front sous le poids impérieux des souvenirs ? Tels je les voyais, soucieux et pourtant comme exaltés par les joies sereines de la résignation, tendant vers la lumière leurs longues branches chargées de fruits et de feuilles, tels je les retrouve sur ces montagnes où passe je ne sais quel souffle enivrant de liberté et de solitude.

Oui, c'est encore la Provence. L'Italie est plus loin, avec ses caroubiers couchés à plat ventre sur les roches, et ses euphorbes qui grandissent à l'état d'arbres sur les chemins. C'est la Provence, mais je n'y retrouve plus cependant ces jolies petites villes où sur chaque place murmure une fontaine jaillissante, coulant de quelque urne de pierre ou de marbre autour de laquelle un ciseau du grand siècle a enroulé des guirlandes de fruits et les nobles fleurs de la sculpture. Ah! quand je les ai vues, ces places silencieuses aux maisons bâties sous le règne du cardinal Fleury, où Valère peut, sans être interrompu, chercher querelle à Marianne, où l'amoureuse du *Dépit* peut dire sans crainte à son chevalier : Remenez-moi chez nous! j'ai respiré avidement, il m'a semblé qu'on m'ôtait un poids énorme de dessus la poitrine. Pour la première fois depuis bien des années, je me sentais libre, et je n'ai pas tardé à comprendre pourquoi. C'est ici précisément, dans ces villes silencieuses et parfumées, abritées par les montagnes vertes, c'est ici, après Brignolles, Vidauban et le Muy, en arrivant à Fréjus et à l'Estérel, c'est ici que cesse la tyrannie de Gavarni et de Balzac. On s'en aperçoit enfin à la minute où on échappe à leur griffe de lion. Comme ces deux hommes de génie nous ont vaincus, domptés, façonnés à leur image, pétris selon le rêve impérieux de leur fantaisie ! Fascination terrible et surhumaine ! tous deux ont peint une société idéale, plus ardente que Byron et plus désolée que Manfred, une société caduque et charmante, aux aspirations démesurées, aux grâces maladives et mortelles, et, par la seule puissance de leur volonté inspirée, ils ont forcé la société réelle à se transformer selon le portrait menteur qu'ils en avaient fait. O prestige ! ils nous ont imposé la beauté, la tristesse, la cruelle ambition, le doute railleur de leurs personnages ; il nous a fallu aimer, vivre, penser à la manière des comédiens de Balzac et de Gavarni. Ces deux créateurs nous ont dicté la forme des vêtements, l'allure de la causerie, et même une certaine mode d'esprit et de poésie, car les poëtes n'avaient plus à chanter que le monde factice éclos dans les vastes coulisses de la *Comédie humaine*. A la voix de l'enchanteur des Jardies, madame d'Espard et madame de Maufrigneuse sont nées ; elles sont descendues du livre pâles, minces, frissonnantes de soie et de dentelles, pour poser leur petit pied sur la scène de la vie réelle ; et elles ont été adorées, divinisées, maudites par une race d'hommes à qui Gavarni a fourni son élégant costume, son froid sourire, et ses mots si fins et cruellement sceptiques. Deux hommes ont pu voir s'agiter sous leurs pieds un univers sorti de leur pensée et procédant de leur seul caprice ! Bien plus, si la mort n'y eût mis ordre, ils allaient, avec leur complice Grandville, transformer la nature elle-même, la nature des champs et des forêts ; les arbres se costumaient en dandies, le coquelicot portait un chaperon rouge comme la petite héroïne de Perrault ; le lis, la perle et le rubis n'étaient plus que des courtisanes aux robes de neige et de lumière ; les étoiles du ciel devenaient des dames romanesques lissant leurs bandeaux d'argent fusible sous des chapeaux coupés dans un morceau de nuage, et ornés d'un bouquet de fleurs cueilli dans les jardins épanouis de la voie lactée. La nature a été sauvée; mais son allure inquiète enivre nos regards, il nous semble toujours que la forêt va porter la main à sa jupe de verdure pour en redresser les plis chiffonnés, et nous ne serions guère surpris de voir les saules relever leurs cheveux d'une main distraite, et les peupliers faire un pas en arrière pour nous regarder avec le monocle insolent de M. de Marsay. Ainsi nous avons vécu depuis trente ans, n'osant pas tourner la tête dans la rue sans avoir peur d'y rencontrer le regard glacé de la Torpille ou le regard incendié de la fille aux Yeux-d'Or, n'osant pas nous éprendre d'un sourire ingénu qui cache, depuis Gavarni, la science désespérée des dieux, n'osant pas gravir les collines noyées dans l'éther, où se penche sur quelque nuée le vague Séraphitus-Séraphita, tourmentant de sa main diaphane les portes de diamant d'un ciel impossible.

Mais voici que l'enchantement s'arrête; le voile se déchire sur les rudes et éclatantes montagnes grises, vertes, pourprées, implacablement lumineuses de l'Estérel et de Nice. Ici les fantômes ne peuvent plus vivre; le soleil leur rit au nez; pas même les fantômes qui se promènent à deux heures après midi sur le boulevard Italien, en robe de moire antique ou en jaquette d'étoffe anglaise. Ici tout est vrai, tout se touche du doigt, et je poursuis avec tranquillité mon voyage vers la grotte Saint-André, au trot de deux mauvais petits chevaux bais attelés à une calèche de louage, assuré d'avance que la grotte magique n'ouvrira pas ses lèvres de pierre pour me dire un de ces mots désolants et adorables que le moraliste du dix-neuvième siècle a tracés avec son crayon impie au bas des pierres sur lesquelles se déroulent les fourberies des femmes en matière de sentiment.

VI

Dès qu'on a passé le château de Saint-André, construction sans intérêt, comme le morceau toujours textuellement reproduit que lui consacrent les livres sur Nice, on s'engage dans une gorge étroite, serrée entre deux murailles de rochers. C'est ici qu'il ne faut plus nous parler café Anglais et courtisanes, et que nous sommes bien réellement délivrés des spectres évoqués par la lithographie et par le roman; ici la nature domine en souveraine. Les rochers grimpent, s'enlacent, se creusent, tantôt montagne qui domine vos têtes, ou ravin qui s'ouvre à vos pieds, égayés de mille verdures, déchirés par un peuple d'arbustes, myrtes, figuiers, clématites; ici, entassement bizarre d'obélisques et d'aiguilles; là, pierres blanches, plates, polies, arrondies, entremêlées comme les dents de quelque monstre, et laissant bondir sur leurs plateaux étagés des ruisseaux bouillonnants et transparents où se jouent l'azur du ciel et l'or du soleil dans un prisme souvent brisé par le flot d'une blanche écume, dont le bord s'envole en poussière lumineuse. Un chemin creusé dans la montagne, étroit et uni comme la voie d'un chemin de fer, conduit à la grotte. De ce chemin plat et horizontal comme un plancher, tantôt les roches, les grands figuiers, les ruisseaux, sont à la portée de votre main; tantôt, brusquement et sans transition, vous les voyez à cent pieds sous vos pas ou au-dessus de votre tête. Enfin, voici le ravin pierreux, chevelu, inondé de fraîcheur, d'où le torrent s'échappe, délicieuse confusion de roches, de verdures, d'eaux murmurantes. Un mur géant, dans lequel sont ouvertes des arcades et dont l'épaisseur est d'un mètre à peine, est jeté comme pont entre les deux côtés de la gorge. Si M. Scribe connaît, comme je n'en doute pas, cette construction hardie, je m'étonne qu'il ne l'ait pas choisie pour y faire passer sa somnambule, relevant d'une main ses voiles blancs, et de l'autre contenant les battements de son cœur. A défaut de cette femme intéressante, des milliers d'oiseaux éparpillent dans l'air leurs fraîches mélodies, et les bergeronnettes viennent boire sans effroi au bord du torrent qui bouillonne. Elles n'ont pas peur d'un bruit adouci par tant de parfums et par tant de silence.

Le chemin qui conduit à la grotte, très-étroit, comme je l'ai dit, est bordé par deux rangées d'énormes cyprès tous égaux et terminés en pointe, entre lesquels quelques grands lauriers-roses se reflètent dans un ruisseau limpide et bruyant qui coule tantôt à droite, tantôt à gauche du chemin. Ces immenses cyprès étendent sur cette avenue une sorte de nuit silencieuse que viennent rompre violemment les éclats de lumière que projettent l'eau, la neige, les pierres blanches, les coins du ciel azuré se montrant tout à coup entre deux cyprès.

Dans cette route si étroite, mais bordée d'aspects grandioses, où le silence s'impose à vous et où l'on écoute avec une attention involontaire la voix métallique si puissante et pourtant si harmonieuse du ruisseau sonore, j'ai cru à chaque instant que j'allais voir s'avancer devant moi, échevelée, droite et svelte dans sa blanche tunique, une figure majestueuse, tenant la grande lyre d'argent et d'or. Oui, mon esprit l'appelait dans cet espace resserré et gigantesque, et cette voix, n'était-ce pas sa voix même que je reconnaissais, la voix de l'Ode, pareille en effet à celle d'un ruisseau qui sort d'un antre obscur et qui se brise avec de grands cris d'amour dans les arbres et dans les roches accumulés au fond d'un ravin inondé de soleil?

La grotte Saint-André est un immense rocher creusé par les eaux du torrent, et qui sert de pont au chemin qui conduit à Levens. Sur son front pendent, roides et immobiles d'horreur, de longues et sinistres chevelures de mousse, toutes dégouttantes d'une eau qui les brûle en s'écoulant goutte à goutte. Des figuiers ont grandi dans les fentes de la pierre, et se penchent avidement vers la fraîcheur de la cascade, qui voile d'un rideau lumineux le fond de la caverne. Toute la voûte est tapissée à l'intérieur par le feuillage si doux, si frêle, si finement découpé, si délicieusement vert des capillaires. Leurs tiges ont réellement la ténuité d'un cheveu de femme, et leurs feuilles sont minces comme ces plantes maritimes couleur de rose que l'on colle sur le vélin. Stalactites vivantes, elles ornent, embellissent et ravivent le colosse de pierre; il n'est pas un palais dans le monde qui ne s'enorgueillirait d'une décoration si délicate et si luxueuse; mais ce sont là de ces arabesques dont la grâce échappe aux architectes, même à ceux qui fouillaient les floraisons et les guipures de granit, du temps que l'enthousiasme de la prière élevait encore vers le ciel les flèches audacieuses des cathédrales.

Après la grotte Saint-André, j'ai vu Villefranche avec son port d'une belle coupe, creusé jadis par Hercule, qui revenait de terrasser le géant Géryon. Un brave historien de Nice se fâche tout rouge à la seule idée qu'un incrédule pourrait reléguer cette véridique histoire dans le domaine des fables. Ce n'est certes pas moi qui voudrais lui donner ce chagrin; je crois à Hercule aussi sincèrement que je crois à Vénus et à Apollon, et je ne vois aucune difficulté à croire que, d'un écart de ses bras, le vaillant fils d'Alcmène ait séparé violemment le mont Boron et l'isthme Saint-Jean, au bout duquel se trouve la petite presqu'île de Saint-Hospice.

Pour n'avoir pas nettoyé les étables d'Augias et coupé les têtes de l'hydre de Lerne, ce bon saint a bien eu, lui aussi, son petit mérite, et son nom n'est pas du tout amoindri par le voisinage de celui d'Hercule. Vers la fin du sixième siècle, pendant l'invasion des Lombards, après avoir été supérieur d'un couvent de Saint-Honoré et de Saint-Benoît, saint Hospice se renferma dans la tour que nous voyons encore aujourd'hui, et là, couvert de cilices, mangeant des racines et quelques dattes, attentif à la voix de la mer qui lui parlait d'éternité, seul au monde, sans autres compagnons que les flots de la Méditerranée et les oiseaux du ciel, il consumait ses jours à demander pardon à Dieu de ses propres fautes et de tous les crimes sanglants qui se commettaient à quelques pas de lui. Bien des gens ont cru avoir une vie bien remplie, qui avaient plus mal employé leur temps. Villefranche, avec son phare placé à l'angle oriental de la presqu'île, avec sa petite ville arabe dont les pieds baignent dans la mer et dont les rues sont des escaliers creusés dans le roc vif, avec son fort construit par le duc Amé de Savoie, avec son *Cap de Saint-Soupir*, avec sa mer plus bleue et plus immobile que l'eau d'un lac, avec son amphithéâtre de montagnes rond et régulier comme un cirque, donne l'idée d'un calme éternel. Pendant deux heures je me suis promené en canot dans ce port d'azur, où pas un souffle ne ridait la surface de l'eau, et là, fumant d'excellent tabac d'Orient, relisant à voix basse sous un ciel sans nuages les tercets du *Triomphe de Pétrarque*, je me serais cru dans le paradis certainement réservé aux poëtes consciencieux, si les navires de guerre de la flotte russe ne m'eussent rappelé à la réalité. Le port de Villefranche, comme tout le pays de Nice, c'est encore et toujours des montagnes, une mer bleue et des oliviers; mais on ne s'en lasse jamais, et l'esprit s'habitue bien facilement à cette continuité de délices, car elle a le privilége de réveiller en nous tous les souvenirs poétiques endormis dans notre mémoire, et de nous les rendre singulièrement avivés et matérialisés. Ici, je me trouve savoir par cœur des vers de Sainte-Beuve et de Laprade que je ne savais pas à Paris, et j'ai beau être dans un pays de citronniers et de lauriers-roses, nulle part je n'ai revu plus distinctement avec les yeux du rêve les ombrages noirs de Watteau, ses nymphes de sculpture penchées sur les fontaines, et ses tapis de verdure où s'égarent dans leur divine mélancolie les Arlequins à l'habit de deux couleurs et les Colombines aux jupes traînantes. La poésie du Nord m'apparaît dans toute sa grandeur à l'ombre des orangers chargés de fruits de la villa Sainte-Agathe; je n'ai aucune peine à y rencontrer Régina, le duc Job et Eviradnus; les deux seules choses difficiles à se figurer dans cet éblouissement de fruits d'or, de rosiers fleuris et de violettes, c'est qu'il existe sur la terre des petits journaux et un théâtre du Palais-Royal.

La musique du vaisseau amiral jouait le *Miserere* de Verdi; il fallut bien, bon gré, mal gré, songer à la flotte russe, et, sur le conseil ou plutôt sur l'ordre de nos bateliers, nous décider à visiter l'un des navires qui sont à l'ancre dans le port de Villefranche. Aujourd'hui, tous les navires de guerre se ressemblent, et celui-là, organisé avec un ordre et un soin extrêmes, ne mérite aucune description particulière. La seule chose qui me frappa, ce fut l'extrême jeunesse des officiers, dont la plupart, pâles, sveltes, imberbes, semblaient adolescents encore sous leur riche costume. Tous me rappelaient le jeune officier russe tué et si cruellement regretté par le héros de la *Canne de jonc*. Il est impossible de montrer plus de courtoisie, plus de grâce et plus de fine politesse que ces officiers faisant les honneurs de leur frégate. Ces jours derniers, un bal a eu lieu sur le même navire que j'avais visité, et l'état-major qui l'offrait a déployé un luxe royal. Une profusion de fleurs, de drapeaux, de lumières, l'éclat des uniformes neufs et des décorations, les toilettes fraîches et simples des dames invitées, qui s'étaient surtout parées de fleurs naturelles, surtout la mer et le paysage, sous un ciel ruisselant d'étoiles, faisaient de cette fête un spectacle merveilleux. On a dit mille fois que les Russes parlent le meilleur français du monde ; on pourrait ajouter qu'ils parlent tous le français du *Caprice* et de la *Porte ouverte ou fermée* : ils ont toujours l'air de jouer un proverbe d'Alfred de Musset, tant madame Allan avait su persuader au grand monde russe que toute l'âme de la France vit dans ces compositions, écrites avec une plume de colibri sur les marges de la meilleure édition de Marivaux !

VII

D'ailleurs, en l'absence des Anglais, qui, cette année, ont boudé la ville de Nice, les officiers russes sont nécessairement les lions de la fashion. Ce sont eux qui portaient, au bal de l'assistance française, les uniformes les plus chamarrés de croix, et ce sont eux encore qui jettent les plus beaux bouquets à mademoiselle Virginia Boccabadati au Théâtre-Royal, et à mademoiselle Marie Daubrun au Théâtre-Français.

Leurs épaulettes d'or, si éclatantes, semblent mettre le feu aux avant-scènes, qu'ils occupent régulièrement chaque soir, et ils applaudissent *la Joie fait peur* et *la Traviata* en dilettanti jaloux de prouver qu'il n'est dans la musique et dans la poésie aucune nuance de beauté qui leur échappe. Je voudrais vous dire quelques mots du Théâtre-Royal, où l'on chante l'opéra italien et où mesdames Boccabadati et Sanchioli se partagent la faveur du public; mais je crains d'aborder ce vrai qui peut si bien n'être pas vraisemblable, car ceci est plus difficile à croire que le conte des rosiers et des orangers en fleur à la fin de décembre.

La salle, *stuquée* en blanc, ornée de dorures et de draperies de soie rouge, est, comme toutes les salles d'Italie et de Londres, une superposition de loges, sans galeries et sans amphithéâtre, qui ne manque ni de noblesse ni d'élégance. La loge royale, qui occupe la hauteur de deux étages et qui fait face à la scène, est large et profonde. Soutenue par des cariatides entièrement dorées, tendue de soie rouge à grands dessins d'or et ornée de miroirs de Venise, elle est d'un aspect très-imposant.

Grâce à la disposition de la salle, on ne voit que les dames, qui viennent toutes au théâtre en toilette de soirée; nos affreux habits noirs sont relégués au fond des loges, et par conséquent invisibles. Jusque-là tout est bien, et l'ouverture, exécutée avec un ensemble parfait, continue à être d'un bon augure; mais enfin on a beau, comme dit Hésiode, s'arrêter autour du chêne et du rocher, il faut toujours en arriver à l'événement, et, selon le mot d'un vieux comédien, le rideau finit toujours par se lever. Le rideau du Théâtre-Royal de Nice, c'est un tableau de Baron ou de Célestin Nanteuil, moins la grâce de Baron, moins l'esprit de Célestin Nanteuil, moins l'adoration de Venise; c'est le double escalier de marbre blanc où gravissent des seigneurs en habit italien du seizième siècle et des dames à chevelure rousse laissant déborder sur les marches des ondes ruisselantes de satin, d'or et de pierreries; c'est le bocage du *Décaméron*, où Dionéo cède la parole à madame Fiammette ; c'est le canal aux eaux dormantes où passe l'inévitable gondole, et où deux cygnes, « entripaillés comme il faut, » se promènent aussi librement que sur le bassin même des Tuileries. Passe encore pour le rideau ; mais, je l'ai dit, il se leva enfin, et c'est ici qu'il me faudrait la plume d'Edgar Poë, ou cette pointe impitoyable avec laquelle le bon Cruyshank égratigne l'acier.

Le décor est une simple toile de fond, les coulisses étant représentées par des rideaux orange relevés avec des agréments verts ; mais sur cette toile de fond, où le ciel est représenté par un audacieux barbouillage de noir et de rouge, le décorateur a fait tenir tout un univers, le palais, la tour, la chaumière, la forêt, les arbres frisés et les maisons grandes comme un volume de la Bibliothèque des chemins de fer. Parut le comte de Luna, car on jouait *il Trovatore*, et, certes, ce comte de Luna avait l'air d'un bon vivant. Il avait « l'oreille rouge et le teint bien fleuri, » les cheveux séparés par une raie sur le côté et par une raie derrière la tête, des moustaches relevées en pointe et des favoris confortables comme ceux d'un romancier anglais en pleine possession de sa gloire.

Pour en venir à son costume, il portait une cuirasse en gaze d'argent avec une écharpe bleue en sautoir, et un pantalon en gaze d'argent tombant négligemment sur des bottes de ville, sur lesquelles la poussière de la rue se contournait encore en facétieux méandres. Tout en exhortant ses chevaliers à la vengeance, le comte de Luna prenait son lorgnon et lorgnait les avant-scènes; il tirait sa montre et regardait l'heure; il prenait son mouchoir de poche et se mouchait. De temps à autre il ôtait son casque de carton argenté, orné d'une plume blanche, et quelle plume blanche! et il s'essuyait le front. Peut-être iriez-vous, d'après cela, vous figurer un chanteur ridicule. Détrompez-vous; ce comte de Luna chantait admirablement, et avec une des plus belles voix que j'aie entendues. Dès qu'il sortait de scène, on l'applaudissait à tout rompre, et il revenait trois ou quatre fois de suite pour saluer le parterre. Ses chevaliers, ses amis, ses complices, étaient uniformément vêtus comme lui de la même gaze d'argent retombant sur les mêmes bottes de ville; ils portaient la même écharpe bleue en sautoir; ils ôtaient, pour s'essuyer le front, le même casque de carton argenté, sur lequel se hérissait la même plume blanche. Enfin cette gaze, ce carton, cette plume, constituaient, sans aucune modification, le costume du *primo tenore*, du trouvère lui-même, jeune homme à la voix un peu faible, mais très-agréablement timbrée. Jamais sans doute on ne vit en un seul lieu tant de gaze d'argent, si ce n'est à l'entrevue du camp du drap d'or, où les seigneurs de France et d'Angleterre portaient leurs châteaux, leurs forêts et leurs prairies sur leurs épaules.

Les soldats étaient armés de pied en cap, mais leurs armures étaient faites avec cette toile verte que les tapissiers emploient comme doublure, et rehaussées de galons de cuivre. Par quel enchaînement d'idées l'impressario arrive-t-il à se persuader que la toile verte imite le fer? C'est là un des problèmes dont la solution demande la vie d'un homme. Azucena, dont la belle tête expressive aux cheveux touffus et aux yeux noirs comme l'Érèbe impressionnait vivement la salle attentive à son chant et à son jeu puissamment dramatiques, avait retrouvé je ne sais où cette fameuse robe de magicienne qui était décidément perdue depuis le théâtre de M. Comte, physicien du roi, la robe de mérinos écarlate sur laquelle on a cousu des serpents et des crapauds découpés en velours noir. Elle avait retrouvé aussi, Dieu me pardonne! les souliers de peau anglaise à cothurne que Devéria prodiguait si généreusement à ses grisettes vers l'an de grâce

1831, sur ces lithographies coquettement nommées l'*Éventail*, *Premier Sourire*; *Non, monsieur*; *Retour du bal*. Hélas! comme s'écrie douloureusement le mélancolique François Villon, « où est la très-sage Heloïs? »

Par exemple, je renonce, ah! je renonce tout à fait à vous dire de quel velours amarante à crevés de satin blanc, de quelle soie jonquille, de quels résilles, chaînes, colliers, bracelets en *masses* de perles de verre à la douzaine étaient attifées, parées et coiffées la princesse et la confidente! Ces dames, fort élégantes et vêtues à la dernière mode de Paris quand on les rencontre aux concerts qui se donnent à l'hôtel de l'Univers ou à l'hôtel de la Grande-Bretagne, se font un point d'honneur de ne rien changer aux costumes extraordinaires que leur impressario compose dans le silence du cabinet. C'est grâce à lui, c'est par ses soins spéciaux que le père savoyard de la *Grâce de Dieu* est coiffé d'un chapeau à plumes comme le roi Louis XIV, et que la princesse de *Guillaume Tell* est armée d'une flèche de rideau pour poursuivre à la chasse les sangliers et les ours.

Mais ne raillons pas ces consciencieux efforts d'un théâtre ingénu ! Heureusement pour eux, les Italiens n'ont pas encore inventé la couleur locale ; c'est là leur gloire, c'est là leur force : ne les réveillons pas ! S'ils achetaient aujourd'hui les armes et les cuirasses exactes de Granger, s'ils faisaient dessiner leurs costumes par Hippolyte Balluc, dans deux ans d'ici un rival de Marc Fournier leur équiperait des navires, un rival de M. d'Ennery composerait des livrets pour les navires, et la terre de Virgile et du Dante serait à son tour submergée par la littérature maritime. Ah ! que plutôt jusqu'à la consommation des siècles l'Italie soit franchement vouée à la gaze d'argent et aux armures de toile verte !

Dans ma prochaine lettre, je vous raconterai

une cérémonie qui vient d'avoir lieu avec beaucoup d'éclat : l'inauguration d'un nouveau temple russe. On l'a béni suivant les rites consacrés; on en a chassé les *zchils*, follets qui tournoient dans les airs ; les *kikymors*, démons souterrains qui encroûtent les gangues d'or et d'argent avec de la silice et du quartz; le *tchur*, qui imbibe le sol avec un ferment méphitique, et les *wihiz*, gnomes dont la prunelle pétrifie comme celle du basilic ; on a dû neutraliser la *niélehistaya-seila*, ou virtualité impure; mais, à ma grande surprise, pendant qu'on était à l'œuvre, on a négligé cette excellente occasion d'exorciser le démon *Réalisme*.

22 février 1860.

VIII

J'ai enfin vu, ô bonheur! un pays pareil au lis de l'Écriture, un pays qui ne file pas et ne travaille pas. Cette terre heureuse s'appelle la principauté de Monaco. Dans ce paradis étrange où les fruits d'or mûrissent à l'ombre des oliviers, pas de blé, pas de charrue, pas de laboureur; et il n'existe pas non plus, ce travail farouche dont parle Virgile. Ah! farouche travail, supplice et gloire de l'homme, dans cette presqu'île où fréquentent les dieux, tu n'as pas besoin de savoir tout vaincre, tu n'as rien à vaincre, car la nature y est pareille à l'Oupis d'Éphèse, à cette divinité aux cent mamelles que Rubens nous montre en sa gloire triomphale, portée sur un char d'or que traînent des lions éblouis. C'est l'âge d'or ; l'orange et l'olive sont à qui veut les cueillir ; du haut des roches tombent et bondissent des sources froides, pures comme le cristal, et ce cri désespéré : « Il faut du pain! » ne trouverait pas d'écho chez une race qui laisse les fruits à terre pour ne pas se donner la peine de les ramasser. A la Condamine, où j'avais reçu la plus gracieuse hospitalité, j'ai vu des rosiers d'un ridicule inexprimable. Ils étaient si bien étouffés sous les feuilles, si bien chargés, accablés, couverts de fleurs, enterrés, noyés et dérobés sous les fleurs, qu'ils ressemblaient à ces méchants rosiers d'opéra-comique brossés pas des vitriers ivres de rose. O cher, cher, adorable mauvais goût au mois de janvier! Un arbre de vingt pieds de haut, fier, superbe, au tronc robuste, aux branches hardiment jetées dans l'espace, réjouissait mes yeux par ses longues fleurs de pourpre ; j'ai demandé son nom ; c'était un fuchsia ! oui, le fuchsia, cette plante misérable dont les corolles grises de poussière se meurent dans les pots d'argile de nos marchés aux fleurs ! Le fuchsia dont je parle aurait abrité, lui, tout un marché aux fleurs avec ses étalages et ses bouquetières.

Près de lui un héliotrope de dix pieds de haut, tout fleuri, chargeait l'air de voluptueux parfums; et les sauges immenses, les poivriers géants, les Palma Christi, aussi beaux que leur nom, m'ont fait voir en pensée le jardin céleste où les tigres et les panthères s'endormaient dans les fleurs, cinq mille ans avant l'invention du réalisme. A Monaco, je l'ai dit, on ne cultive pas le blé ; ni le blé, ni le seigle, ni l'orge, ni l'avoine ; car les bêtes sont libres comme les hommes, et le caroubier, qui vient sans culture, leur fournit pour litière son noble feuillage. De même, il n'y a pas de paille humide dans les cachots, et on ne saurait absolument mourir sur la paille. Ainsi, pour les fêtes de Sainte-Dévote, qui durent trois jours et qui ont lieu à la fin de janvier, on jouait le *Dépit amoureux* dans la jolie petite salle du Cercle des étrangers. Quelques heures avant la représentation, Marinette, qui passait la revue de ses accessoires, s'inquiéta justement du brin de paille que Gros-René devait lui proposer de rompre ; mais on n'avait pas pu trouver dans tout Monaco ce brin de paille ; il fallait jouer Molière avec une coupure déshonorante, ou envoyer un exprès à Nice.

L'administration du Cercle, qui sait jeter l'or à pleines mains, se décida naturellement pour ce dernier parti, et une chaise de poste, menée par un postillon dont la casaque de velours disparaissait toute sous les rubans roses et bleus, s'envola dans un nuage de poussière pour conquérir le brin de paille aussi cher à Thalie que ses brodequins écarlates et sa couronne de raisins noirs. Ainsi se trouvaient royalement vengés en une seule fois le chariot du *Roman Comique* et l'auguste vagabondage du jeune Poquelin à travers les villes et les bourgades. Donc, en ce paradis splendide où Ève la blonde n'aurait eu envie de cueillir aucun fruit, tant elle aurait vu de fruits d'or suspendus sur sa tête, le poëte peut rêver doucement sans voir passer comme un vivant reproche le dur laboureur penché sur sa charrue *en bois d'érable* et tenant à la main son aiguillon *en branche de houx*. Les bœufs eux-mêmes, les grands bœufs du poëte, seraient inutiles parmi les oliviers et les lauriers-roses; les moutons couleur de lis, de neige et d'étoiles, paissent tranquillement l'herbe salée entre les rocs;

Desgenais n'aurait pas le courage de songer à en faire des côtelettes, en face de la rivière de Gênes. Quelques oranges, de la crème fouettée et un verre de marsala, c'est plus qu'il n'en faut pour des gens qui vivent dans le ciel. Jugez donc à quelles déclamations sur la boucherie et l'agriculture échappe naturellement l'heureux peuple qui se repose, courbé sous le sceptre du prince Charles Deux! Il ne cultive pas le blé; mais par champs immenses, comme aux environs de Paris, les choux, les navets et les oignons, il cultive la rose, le jasmin, la cassie, la violette, le géranium, qui sert à faire de l'essence de rose. Le but suprême et définitif de ce jardinage, c'est d'enfermer dans des flacons d'or les parfums destinés aux belles jeunes femmes, et les essences qui assoupliront leurs éclatantes chevelures. En foulant le sol qui n'a pas de préoccupation plus sérieuse que celle-là, pour la première fois j'ai cessé de rougir de ma destinée en cette vie. Un homme peut bien se borner à produire des poëmes et des odes harmonieuses quand la terre ne fait rien de plus utile que des violettes! Et comment vous peindre l'attendrissante suavité de ces violettes? Elles ressemblent à ce qu'on nomme à Paris violettes de Parme; mais, mille fois plus délicates et plus tendres, grandes, montrant la blancheur de leur cœur entr'ouvert, amoureuses comme des roses, mélancoliques et majestueuses comme la pervenche, elles ont le bleu idéal du voile de Latone, elles semblent des prunelles tremblantes de fierté, les prunelles de Pallas elle-même, orgueilleuse de sa beauté virginale et de ses mains sanglantes. Violettes odorantes et pensives, il n'y a pas une d'elles qui ne soit comme la Méditerranée une frémissante immensité d'azur. A jamais sous mon ciel de brume je les aimerai fidèlement, et désormais je le sais bien, madame Prévost ne vend que des cadavres de violettes. A Monaco, de même que les fuchsias, la marguerite et la mauve sont non pas des arbustes, mais de vrais arbres, dont le tronc est d'un bois solide et résistant; l'euphorbe aussi est un arbre, un grand arbre, et ce sauvage poison a sa grâce au milieu des rochers grisâtres et sur les chemins qu'il remplit d'une vivace et luxuriante verdure. Mais, devant la rivière de Gênes, quelle Brinvilliers songerait à extraire le suc meurtrier des plantes? Pour tuer qui? Pour hériter de qui? Tous les jours à Monaco le dernier passant hérite des dieux de l'Olympe, et la nature lui sert un repas magnifique sous un ciel enchanté. Ce sont les nuées sombres sans doute qui amassent dans l'esprit de l'homme tant d'idées cupides et perverses, et à Monaco il n'y a pas de nuages. Le ciel est si clair, que de la terrasse du Casino j'ai pu apercevoir les côtes de la Corse! et l'or est si inutile dans un endroit où il n'y a rien à acheter, que les voyageurs l'emploient à jouer à la roulette!

IX

J'ai surtout admiré dans les maisons de jeu ces marionnettes ingénieusement fabriquées par un artiste, que l'on nomme *croupiers de roulette*. Quelques spectateurs naïfs, les entendant articuler très-purement ces mots sacramentels : « Faites le jeu, messieurs ! Rien ne va plus ; » et les voyant pousser les pièces d'or avec un râteau d'acajou aussi nettement que pourraient le faire des personnes naturelles, les prenaient en effet pour des hommes vivants. Mais moi, j'avais sans peine discerné en eux, du premier coup d'œil, un habile assemblage d'émail, d'ivoire colorié et de ressorts mécaniques. Sans doute, avec moins d'argent que ne leur en ont coûté ces statues automates, les propriétaires du Cercle auraient pu se procurer de véritables croupiers possédant une âme, et préférant la lecture d'un roman réaliste à celle l'*Intermezzo* ou de la *Comédie de la Mort*; mais il n'est pas prouvé qu'un mortel capable *de voler, de mentir et de siffler des vers* eût pu répéter à jamais, sans repos, sans trêve, sans une nuance imperceptible dans ses inflexions de voix : « Rien ne va plus ! Faites le jeu, messieurs ! Rouge, pair, passe ! Noir, impair, manque ! » sans devenir fou ou idiot. Une autre chose m'a frappé : c'est qu'au jeu de roulette de Monaco les joueurs gagnent toujours et le banquier jamais. Le phénomène se reproduit d'une manière invariable.

Le dernier jour où je suis entré dans les salons du Cercle, la banque a sauté trois fois de suite, et le banquier a perdu sans désemparer cinquante-quatre mille francs. Moi-même j'ai ramassé quelques poignées d'or. Mais, me suis-je dit aussitôt, si je m'habitue à ce travail-là, comment à l'avenir écrirai-je seize pages de vers pour gagner deux cents francs? Et puis, s'il faut tout dire, j'ai l'amour, mais aussi j'ai peur des marionnettes, surtout celles qui affectent d'imiter trop exactement la nature. Va pour Polichinelle avec son nez de pourpre, sa double bosse et son habit de safran et d'écarlate! Mais ces poupées de nacre et d'acier anglais, vêtues à la dernière mode du *Moniteur de la mode*, ne laissent pas de m'inspirer quelque épouvante. Aujourd'hui elles sont croupiers de roulette et psalmodient d'une voix monotone : Rien ne va plus! Noir, impair, manque! mais demain suis-je assuré qu'elles n'écriront pas des romans et des mélodrames? Et maintenant que j'y songe résolûment, je suis presque sûr d'avoir entendu réciter au théâtre de la Porte-Saint-Martin des pièces dont les auteurs n'étaient pas plus vivants que les croupiers de roulette de Monaco. D'ailleurs, il y a dans les destinées de cette banque une combinaison dont la portée m'échappe. Si le banquier perd toujours, quel intérêt l'oblige à faire éclairer ces salons de sculpture et d'or, et dans quel but faisait-il confectionner à grands frais ces domestiques en cire et ces croupiers de nacre? M. *** est sans doute un irréconciliable ennemi de l'humanité, un féroce misanthrope, plus clairvoyant que Timon et plus désespéré qu'Alceste ; il sait que l'or contient sous un petit volume tous les maux que vomissait jadis la boîte de Pandore, et il s'est fait entrepreneur de jeux pour pouvoir imposer aux hommes cet irrémédiable poison qui se nomme l'or monnoyé! A la bonne heure, mais il me manque le vertueux Dermond en redingote à pèlerine, le respectable armateur de Marseille, et surtout le joueur qui se brûlait la cervelle dans l'antichambre en recevant son chapeau. Non-seulement on ne perd pas à Monaco, et l'homme qui a gagné quelques milliers de francs ne connaît pas toujours assez les dangers de la possession pour préférer la mort à la fortune, mais encore comment se tuer dans une antichambre d'où l'on voit un palmier magnifique, de grands aloès, des milliers de rosiers fleuris, et la mer bleue et calme, et un petit port si paisible, et l'héroïque Turbie qui cache son front dans les cieux? Autrefois, il y avait, dit-on, à Monaco, beaucoup de ces mendiants rêveurs qui vivent les regards fixés sur les yeux des étoiles ; mais, depuis la mauvaise chance obstinée des banquiers, les joueurs trop heureux et ennuyés de leur bonheur se débarrassaient de leur gain au profit de ces pauvres gens ; si bien que les mendiants sont devenus propriétaires, ils possèdent tous de noires et ombreuses forêts de citronniers, des champs de jasmins et de violettes où l'eau arrive dans des rigoles de pierre creusées à grands frais, des fuchsias grands comme des chênes, et des rosiers d'opéra-comique. Il reste à Monaco un seul mendiant qui n'a pas voulu changer de profession, et à qui j'ai eu l'honneur d'être présenté sur la promenade des Caroubiers ; mais celui-là, buveur effréné de brises, avait des goûts trop dispendieux pour se faire propriétaire ; il aime le tabac d'Orient et les Elzéviers.

On va à Monaco par l'admirable route de la Corniche, route creusée dans le roc, où sans cesse on aperçoit au-dessus de sa tête des cathédrales de granit creusées par la main de Dieu même. Pareilles en effet à des églises qui monteraient fièrement jusqu'au ciel pour symboliser l'ineffable élan de la prière, ces montagnes grises ont l'écrasante grandeur des basiliques, et ces colosses remplissent l'âme d'une humilité salutaire. Après avoir contourné le mont Gros, on arrive à l'auberge des Quatre-Chemins, où une fresque audacieuse représente le général Masséna à la place même où il s'est réellement assis. A peine a-t-on dépassé l'auberge, la route de la Corniche se trouve tout à coup en face de la mer, et c'est ici que commence un enchantement sans pareil. On est à une heure de Nice, et il semble qu'on en soit à mille lieues, tant la mer est plus bleue encore et plus limpide, non plus réflétant le ciel, mais tout à fait mêlée au ciel ; si bien que l'esprit, balancé dans un rêve inouï, ne sait plus où commence et finit chacune des deux nappes d'azur, amoureusement liées et fondues l'une dans l'autre et suaves, déroulant comme un incommensurable escalier aux marches invisibles, pour monter de plain-pied jusqu'au seuil de saphir où commence le palais des Anges. Que de fois, anxieux et ravi, je m'y suis trompé avec délices, confondant les oiseaux avec les voiles blanches, et plus loin, un coin de Méditerranée avec un pan de ciel ! car, en ces immensités folles de joie, les dieux et l'homme n'ont pas songé à limiter leurs propriétés respectives, et sans doute on y pourrait, sans empêchement, gravir jusqu'aux étoiles, comme aussi les yeux mortels ne s'étonneraient pas de voir briller parmi les moires du flot céleste les dos onduleux, les voluptueuses blancheurs et les pieds roses des Néréides, Glaucé, Cymothoé, Spéo, Pasythée, Mélite, Eunice aux bras de rose ! Fine, mince, légère, verdoyante, aussi grêle qu'un léger ruban jeté sur la mer immense, la petite presqu'île Saint-Jean, à peine rattachée par un point à la montagne, poursuit et charme le regard. Mille fois on la perd de vue et on la retrouve avec ses verts feuillages et son petit port où s'abritent des coquilles de noix aux voiles de neige. Puis voici cet étrange nid de vautours, le petit village d'Eza, bâti au sommet d'un roc avec des quartiers de rochers. Les maisons font partie de la montagne et sont faites du même granit qu'elle. Il y a maintenant une route qui va à Eza, et on peut y arriver en carrosse ; mais je me garderai bien de voir ce chemin prosaïque et niais, auquel je ne veux pas croire. Avant lui, pour arriver à Eza il fallait monter de la mer ou descendre du ciel, et on aurait dépensé cinquante mille écus pour y faire venir un piano de vingt-cinq francs par mois. Eza, bâti par quelque Titan comme un défi au dieu assembleur de nuages, sera prochainement, sans doute, orné d'un théâtre et éclairé au gaz, et les vautours et les aigles s'enfuiront pour faire place aux élégants volumes de Malassis et de Broise. Toujours est-il qu'on n'y installera pas une charrue et une faucille; les seuls laboureurs possibles dans ce désert sont les petits oiseaux du ciel qui apportent un grain de blé dans une fente de rocher; et la librairie aura beau faire, elle peut y rendre populaires l'histoire d'Yseult aux blanches mains, ou les Contes de madame d'Aulnoy, mais jamais les *Géorgiques* ou les *Échasses de maître Pierre*, car il n'y aura jamais ni drainage ni labourage dans ces chemins de pierres où le pin et l'olivier poussent à peine sous un soleil aveuglant.

X

Voici encore, accourant et fuyant, la presqu'île Saint-Jean, coquette comme une Vénus-Galatée mollement couchée sur les flots amers ; puis la Turbie nous apparaît avec sa vieille construction romaine dans le col formé par l'énorme masse du mont Agel et par la montagne nommée la Tête-de-Chien, qui domine Monaco. Toute brisée et détruite par les siècles, l'imposante ruine du trophée d'Auguste accuse encore la main formidable de Rome. Le temps a balayé les ornements de marbre et les bas-reliefs, la porte du Midi et la porte du Nord, la corniche en marbre de Corinthe, les faisceaux d'armes, l'inscription gravée en lettres d'or que rapporte Pline, l'audacieux entassement de deux étages de colonnes et de statues, et enfin la coupole majestueuse sur laquelle un groupe de peuples vaincus supportait la statue colossale d'Octave-Auguste ; mais, après avoir ainsi enlevé au monument son lustre et sa gloire, il n'aura pas si facilement raison de ses débris, dont la pierre et le ciment, identifiés l'un à l'autre, bravent les orages et semblent désormais assurés d'une durée immortelle. Mais la plus belle parure de la Turbie n'est pas la tour d'Octave : c'est un colosse dont le crayon excessif de Gustave Doré rendrait à peine les proportions effrénées et sauvages. Ce colosse, ô Phébus-Apollon ! est un laurier noble, un laurier de poëte, né cent ans avant Molière, haut comme un chêne de Sully, et capable d'abriter sous ses rameaux énormes tous les immortels de l'Académie française.

Si jamais cet arbre prodigieux fut une Daphné vivante, elle pouvait sans peine étendre la main jusqu'aux étoiles pour les accrocher dans ses cheveux, et enjamber les Alpes en s'enfuyant devant les prières du dieu que Ténédos vante. Sans doute le laurier effrayant perce de ses racines la montagne entière et les étend jusqu'aux abîmes de cristal et d'azur. Oh! que de rameaux à détacher de ce tronc inouï, et comme il me rassure au sujet des poëtes! Tous tant que je les vois, ils seront méconnus par les contemporains, déchirés par les demi-critiques, haïs par les virtuoses; on leur préférera des le Sage de contrebande, des Beaumarchais à la douzaine et des Shakspeare de pacotille; ils vivront sans un fils pieux qui sourie à leur vieillesse, sans une épouse silencieuse qui épie leur réveil après les angoisses farouches de l'inspiration, et ils s'éteindront dans un hospice de faubourg, oubliés pour un pamphlétaire ou pour une danseuse; tout cela ne peut pas leur manquer : mais la couronne de laurier ne leur manquera pas non plus, et ils l'obtiendront certainement, s'ils veulent se donner la peine de s'en aller jusqu'à la Turbie. Lors même que pendant vingt ans il nous naîtrait à chaque minute un Homère et un Pindare, le laurier de la Turbie leur donnera de quoi mettre sur leur front chauve une perruque de feuilles; spectacle rassurant, comme dit le poëte, pour des gens qui doivent prétendre au seul laurier pour tout potage ! Et si j'étais passé au pied du trophée d'Auguste avant la mort du grand Heine, quoique le feuillage cher à Phœbus lui parût surtout bon à cuire le jambon et à parfumer les sauces, je lui aurais certainement rapporté un rameau du laurier immense ; et de la sorte on eût pu déposer sur sa tombe autre chose que des articles indifférents et une nouvelle édition à couverture grise.

De la Turbie à Monaco, si l'on continue la route en voiture, c'est encore la majesté hautaine et titanique de la Corniche; mais, comme la presqu'île Saint-Jean tout à l'heure, la presqu'île de Monaco vous poursuit maintenant; vous la touchez et elle vous fuit; elle est à la portée de votre main, et vous en avez pour trois heures de route. Il vaut mieux laisser là votre méchante calèche de Nice, et descendre résolûment à pied la montagne de la Turbie par l'escalier gigantesque péniblement creusé dans la pierre même. Roches énormes superposées par miracle, antres, cavernes, verdures, oliviers penchés sur l'abîme, clairs torrents qui, de toutes parts, s'élancent et bondissent froids comme la glace, transparents, baignés de lumière comme dans le Parnasse de Raphaël; c'est un merveilleux décor pour les exploits de quelque Roland en quête d'aventures, et nul lieu au monde ne serait plus beau pour fendre les géants en deux et pour délivrer les demoiselles errantes. Mais on n'y rencontre que quelques paysans poussant devant eux leurs grands ânes, et quelques belles filles dont le mouchoir écarlate vous remplit de joie en ravivant par un peu de vermillon l'océan de feuillage que forment les oliviers, les citronniers et ces grands euphorbes dont la verdure égaye tous les chemins. Dès les premiers pas, vous avez aperçu Monaco directement sous vos pieds; Monaco, c'est-à-dire une petite presqu'île en miniature, avec ses maisons rouges, ses arbres, son château, son palmier, ses canons braqués sur la mer; un tout petit jouet d'enfant à placer sur une table de salon, entre une déesse de vieux Sèvres et un bronze de Barbedienne. Invinciblement, tous les souvenirs de Swift s'emparent de vous; on devine Gulliver mettant sous son bras la principauté et ses habitants, et l'approchant de ses yeux pour la considérer de plus près. On voit à la fois toutes les maisons, toutes les rues et tous les promeneurs; tout cela a un air décidé de joujou d'Allemagne; il est impossible de ne pas se figurer qu'on pourrait prendre dans la main tous ces petits édifices, et à souhait les changer de place pour le plaisir des yeux.

Comment croire que des hommes de notre taille, capables de nier Dieu et de parler politique, puissent habiter sérieusement ce microcosme fait pour la reine Mab, ce royaume grand comme un numéro du *Times*, taillé justement pour loger le moineau de Lesbie ou pour servir de maison des champs aux deux pigeons de la Fontaine? C'est dans ces dispositions ironiques et peu charitables qu'on achève de descendre la montagne de la Turbie, où jusqu'en bas les rocs et les torrents conservent leur séduction et leur majestueuse allure. Mais à peine est-on arrivé sur le rivage de la mer bleue et divinement limpide, devant cette mer où l'on a à sa droite Monaco élevé comme un nid de pirates et pareil à un grand navire, à sa gauche la chaîne imposante des montagnes où l'œil distingue Roquebrune, Menton et la Bordighera, tout change, tout se transforme par magic; on se croyait à Lilliput, et on tombe en plein Brobdingnag; tout nous semblait calculé pour les petits génies de Titania qui dorment dans les fleurs des pois ou dans la corolle des lis, et tout se mesure à la taille de Briarée ou de Pantagruel. Tout dans la nature porte un caractère colossal et démesuré; on croirait que ce pays bizarre a été fait pour les hommes des temps héroïques, dont la vie durait six cents ans et dont la taille atteignait la hauteur des cèdres géants de l'Asie et de la Judée.

Quand j'ai vu les oliviers de Nice, vigoureux, hardis, taillés pour durer des siècles, je plaignais les habitants d'Orange, qui croient posséder des oliviers, et, n'en déplaise à mon excellent ami le docteur Tartivel, leur prétention me paraissait insoutenable. Mais, à côté des oliviers de Monaco, ceux de Nice sont des arbustes que le bon Roland dédaignerait d'arracher pour se battre avec le frère de la belle Aude. Il y a entre eux la même différence qu'entre un guerrier de Raphaël et un vieillard épique de Michel-Ange. On dirait que les oliviers de Monaco sont là depuis la création du monde, et qu'ils ont vu passer à leurs pieds toutes les générations d'hommes; et, par une grâce ineffable, les citronniers mûrissent à leur ombre et cachés entre leurs branches, tandis qu'il leur faut, à Nice, l'air et l'espace; mais le soleil de Monaco est si brûlant, qu'il perce sans peine le sombre voile de feuillage. Et que dire des caroubiers, dont les feuilles d'un vert éclatant, splendide, lustré, donnent en janvier l'illusion de notre été luxuriant, et tranchent avec un si merveilleux contraste sur la pâle chevelure des oliviers séculaires? Si les oliviers sont des géants, les caroubiers apparaissent comme le dernier vestige d'une végétation insensée, éclose au temps où la terre enfantait les monstres, Typhaon, Orthros, et la divine Echidna au cœur intrépide. Comme des serpents fabuleux, leurs énormes racines rampent à nu sur le sol. Leurs troncs rugueux, bossus, contournés par des tortures inconnues, affectent des poses menaçantes et farouches; parfois, dans quelque ouverture de ces troncs béants, une pierre énorme, un quartier de roche tombe et s'incruste, et vit avec la plante, où le bois et la pierre se confondent et se mêlent dans un effroyable mélange. Les uns, comme poursuivis, tournent la tête en arrière et enjambent un ruisseau qui murmure; ceux-là tordent vers le ciel des bras menaçants ou désespérés; d'autres, furieux, difformes, chimériques, se couchent à plat ventre sur la terre, cloués au sol, comme écoutant le pas d'un ennemi qui vient, et leur panache ondoyant se hérisse de crainte et d'horreur. Je crois que les caroubiers n'ont pas lu Aristote, et d'ici à bien longtemps ils ne se soumettront pas à la règle des unités. Ils sont beaux pourtant, mais que ne leur dirait pas un directeur de Revue sur leur obstination à chercher l'étonnant, le singulier, l'invraisemblable, le gigantesque, et à surprendre l'esprit par des combinaisons qui ne se rattachent en rien à la saine architecture ! Et, pour comble d'excentricité, le caroubier ne porte pas son fruit au bout d'une tige et dans un bouquet de feuilles ; ce fruit sort directement du bois, dans le pli même où s'attache une branche, de telle façon que l'arbre a l'air de porter son fruit sous l'aisselle. Il faudrait être bien naïf pour admettre que ces caroubiers farouches passent tranquillement la nuit cloués au sol, comme nous les voyons ; sans doute, aux premières ombres de la nuit, ces anciens Titans vaincus et transformés reprennent leur première figure, et, rouvrant des gueules menaçantes, soufflant de la flamme par leurs narines incendiées, ils escaladent les montagnes voisines, et dans les déserts de rochers, parmi les torrents en délire, se délassent par quelque orgie guerrière et sanglante. Mais dans le drame de la nature et des plantes, nous ne voyons jamais le plus bel endroit de la pièce, et toujours les scènes les plus intéressantes nous échappent!

XI

A Monaco, la mer, vue de la rive, est transparente comme une source, et la lumière a une qualité d'éclat et d'intensité qu'elle ne possède nulle part ailleurs. La première fois qu'on voit lever le soleil à la pointe de la presqu'île, on croit, non pas à une aurore, mais à un incendie, tant cet immense foyer d'or en fusion, tant ce déploiement de ciel flamboyant et de pourpre sanglante ressemblent peu à l'entrée de ballet si paisible et si riante de notre déesse aux doigts de rose! Celle-ci aurait plutôt des doigts de grenades enflammés et de charbons ardents ; et, quand elle a soulevé le voile écarlate et après lui le voile d'or plus léger dont elle enveloppe ses palais de saphir, la presqu'île est baignée et noyée dans une lumière blanche, émue, frissonnante, dont le mouvement se devine et se voit presque dans une atmosphère où ne flottent ni blanches nuées éblouies ni vapeurs humides, et où les rayons du soleil, nettement visibles, ressemblent alors réellement aux javelots d'or lancés par un dieu. La fièvre, la goutte, la mélancolie, toutes les tortures et toutes les chimères de cette vie d'angoisses, pourtant si courte, s'enfuient devant un soleil qui les regarde entre les deux yeux et qui contient en lui cette force virtuelle dont les dieux de l'Olympe enveloppaient leurs protégés comme d'un vêtement.

Ah ! me disais-je en regardant la mer unie, limpide, ruisselante de joie, si le docteur Fleury a pu vaincre, sous les brumes de Bellevue, l'épouvantable maladie parisienne; si avec un peu d'eau froide il a pu refaire un sang nouveau à des hommes d'État épuisés par les veilles de la politique, à des écrivains dévorés par les fatigues du théâtre, à des poëtes meurtris par les supplices de l'inspiration et par l'improvisation de chaque jour; s'il a pu rendre l'espérance, le contentement, la force agile de l'athlète à des combattants lassés par ce terrible duel de l'homme contre la gloire, qui, avant lui, moissonnait tant et de si précieuses victimes, quels prodiges ne réaliserait-il pas sous un ciel où la vie, la santé et la joie se respirent avec la senteur des citronniers, des violettes et des roses! Précisément je faisais ce rêve à côté d'un établissement de bains inachevé, de même que le superbe casino pour lequel on avait fait venir d'Arles des pierres et des architectes est également resté inachevé, laissant les euphorbes installer leurs verdures vives entre ses grandes dalles de pierre et de marbre. Comment changer en maçons et en manœuvres des rêveurs qui ne daignent pas ramasser les olives ? Pour rendre Monaco habitable, et pour donner un asile aux étrangers qu'attirent les représentations dramatiques et l'excellent orchestre installé dans son aimable petite salle Pompadour, le nouveau directeur du Cercle est obligé de réparer et d'embellir à ses frais les maisons des habitants, qui, à grand'peine, le laissent faire. Il admire un délicieux salon décoré au dernier siècle dans le goût rococo italien, et ouvrant sur une chapelle dont les fresques incrustées de pierreries, les madones, les reliques gardées sous des treillis de fils d'or, disparaissent tristement sous une ignoble et sordide poussière.

« Riche comme vous l'êtes, dit-il au propriétaire, pourquoi ne faites-vous pas nettoyer ces belles dorures et ces lustres de Venise aux fleurs de couleurs naturelles? Pourquoi ne relevez-vous pas ces meubles boiteux et splendides? Vous loueriez votre maison bien cher.

— Que m'importe? répond l'Italien ivre de repos et de soleil.

— Mais si je faisais faire tout cela à mes frais et sans vous occasionner aucun dérangement?

— Comme vous voudrez. »

En effet, une armée d'ouvriers amenés de Nice répare les-lustres, ravive les dorures et les fresques; tout brille comme au premier jour; il ne manque plus rien, seulement quelques fleurs dans les coupes de porphyre et de lapis-lazuli qui ornent les cheminées, et le jardin est plein de fleurs.

« A la bonne heure, dit le propriétaire, cueillez-les vous-même. »

Le mendiant dont je vous ai parlé ne reçoit pas moins de quatre sous à la fois, parce qu'autrement, dit-il, cela embrouille ses comptes! Un célèbre romancier russe, qui passe à Monaco de douces heures d'exil, sort seulement une fois par semaine, et ce jour-là, pour se conformer au programme, il donne au mendiant la moitié d'une *moutte*. Comme dernièrement, au retour d'un voyage de Paris, il rencontrait son pensionnaire et lui tendait l'aumône accoutumée : « Pardon, lui a dit le mendiant d'un ton de reproche, vous avez été deux mois absent, cela fait trente-deux sous que vous me devez ! » Cet heureux homme lit son Horace et fume son tabac d'Orient sous les caroubiers; il courtise en imagination Néère, Lydie et Glycère, et il a été bien étonné en voyant un homme qui écrit pour vivre. « C'est inouï, murmurait-il; il est au contraire si doux et si facile de lire! Ah çà, a-t-il ajouté en me gourmandant paternellement, est-ce que, par hasard, vous espérez faire mieux qu'Horace? »

La seule occasion qui fasse sortir de leur apathie les habitants de Monaco est celle du drame ambulatoire qui se joue le vendredi saint et qui représente la passion de N. S. Jésus-

Christ. Un garçon remarquablement beau, jardinier de son état, mais un peu trop enclin à humer le piot, et à boire pour la soif à venir, conserve depuis près de dix ans le privilége de représenter Jésus dans cette procession tragique où la naïveté sauve tout. On y voit Adam et Ève, les apôtres, Judas, et force Turcs; les Turcs représentent Hérode, Caïphe, Pilate et leurs armées; car pour les peuples de la Méditerranée, qui dit Turc, dit tout; Turc, Algérien et Barbaresque, c'est tout un, et ceux qui ont mis à mort notre divin Sauveur ne pouvaient être que corsaires d'Alger et de Tunis. Les trois Maries pleurent, voilées, au pied de la croix, et l'on ignore toujours les noms des jeunes filles qui remplissent ces rôles augustes; mais une tradition qui a force de loi veut qu'elles se marient infailliblement dans l'année. Malheureusement pour moi, je n'ai pu voir que le garçon jardinier et l'allée où passe la procession, et je n'ai pas vu de mes yeux

Adam et Ève manger des oranges en guise de pommes. Mais, quand je serai de retour sous les tilleuls de Bellevue, je gravirai souvent en esprit le chemin ardu, encombré d'aloès et d'euphorbes, qui monte du bord de la mer à Monaco ; souvent en esprit je franchirai la porte vermoulue au-dessus de laquelle l'œil déchiffre encore une inscription romaine. Le château, moitié arabe et more, qui s'assied sur un rocher où pendent des feuillages, le grand panorama des montagnes géantes, Roquebrune, qui en une nuit glissa du haut en bas du rocher où elle est assise ; Menton, la Bordighera, cette rivière de Gênes qui est un ciel en fusion, tout ce spectacle d'épopée que je regardais, appuyé sur le balcon en fer ouvragé du Cercle, ne sortira pas de ma mémoire, et je veux me rappeler aussi avec quelle conscience un régisseur fashionable réunissait les accessoires nécessaires pour la représentation du *Dépit amoureux* et du *Cheveu blanc !*

Il y aurait à écrire sur le château des princes de Monaco tout un livret historique; j'ai vu les dalles où en 1523 Lucien Grimaldi, assassin de son frère, fut assassiné à son tour par son neveu Barthelemi Doria, qui fit traîner sur le grand escalier du palais son cadavre percé de trente-deux blessures; et les murailles d'où, en 1717, le duc Hercule Grimaldi fut précipité dans la mer; mais je reste l'historien de la brise qui souffle et de la feuille qui vole, abandonnant à de plus fiers que moi de chanter la chute de la superbe Ilion et l'inguérissable douleur d'Achille. Tout en régnant sur Monaco à titre de souverain absolu, le prince Honoré V, frère aîné de Florestan, était maire d'une petite commune de Normandie, où il faisait une vive opposition au roi Louis-Philippe. Comme maire, il a été remplacé par M. Havin, et, comme souverain, par son frère Florestan, dont le fils Charles II règne aujourd'hui.

Le nouveau directeur du Cercle a amené avec

lui des armées d'architectes et de fées; il élève des maisons de marbre et trace des jardins dignes de Lenôtre au milieu des rochers incultes. Bientôt, grâce à lui, on verra dans les déserts de la Turbie des relieurs élèves de Lortie, et des couturières parisiennes. Ce ne sont que festons, et je me hâte de m'enfuir avant que les mille caprices de la mode soient installés sur des petits Dunkerke, à l'ombre des caroubiers contemporains de Charlemagne. J'emporte à la hâte un rameau du laurier de la Turbie que je veux partager entre nos grands poëtes, et je cours à Nice, où Paris m'accompagne, car j'ai déjà aperçu en calèches sur la route notre Orphée et notre Eschyle, M. d'Ennery et M. Joseph Kelm; et ce grand homme qui multiplie à volonté les pièces d'or dans une main fermée, l'inimitable Bosco, dont les sortiléges ne craignent pas même ce soleil de feu, vainqueur de l'ombre, des apparitions et des chimères.

7 avril 1860.

XII

Il faut voir à Nice les oliviers, les rosiers et les oranges d'or; à Monaco, les caroubiers et les euphorbes; à Menton, les citronniers chargés en tout temps de fruits et de fleurs. Mais, si vous voulez des palmiers réellement vivants, il faut aller jusqu'à la Bordighera. En 1584, l'obélisque fameux qui s'élève à Rome sur la place du Vatican gisaït encore à moitié enfoui dans le sol, près de l'ancienne sacristie de San-Pietro. En moins d'une année, Sixte-Quint, dont l'implacable volonté remuait les pierres comme les hommes, fit dégager et transporter à sa destination le monument immense dont les dimensions avaient jusqu'alors découragé les papes et leurs ouvriers. Le jour où Domenico Fontana devait poser le bloc sur son piédestal, un édit du saint-père annonçait que quiconque ferait entendre le moindre bruit pendant l'érection de l'obélisque serait puni de mort, car on aurait craint que le murmure de la foule ne troublât les travailleurs et ne les empêchât de suivre attentivement les instructions de l'architecte. Ainsi l'œuvre gigantesque fut accompli devant un peuple muet de statues ou de fantômes, que dominait la tête dure et pensive de l'Agamemnon apostolique, assis sur un grand siége de pourpre. Mais, tandis que le monolithe se dressait enfin et que le sifflement des câbles et des poulies troublait seul l'effroyable silence, tout à coup on entend un craquement sinistre ; l'obélisque reste immobile, puis baisse de quelques pouces ; les cordages, détendus par la traction, n'avaient plus de prise sur la masse énorme. « Mouillez les cordes ! » s'écria alors une voix audacieuse dont le retentissement fit monter le sang au visage du pontife. Cependant le conseil avait été immédiatement suivi ; la formidable colonne était debout, devant un peuple frémissant d'admiration. Mais déjà les gardes suisses, fidèles à leur consigne, amenaient aux pieds de Sixte-Quint le coupable, un pauvre capitaine de commerce, natif de San Remo. Pour cette fois seulement, le redoutable apôtre ne recula pas devant une faute politique : en dépit de l'édit sanglant, le marin Bresca ne fut pas mis à mort et reçut le titre de capitaine de l'armée pontificale, avec le droit d'arborer le pavillon papal sur son navire. Puis, ce qui valait mieux encore, Sixte-Quint lui accorda, pour lui et pour ses descendants, le privilége exclusif de fournir les palmes employées à Rome pendant la semaine sainte. Voilà pourquoi la Bordighera est encore aujourd'hui couverte de palmiers cultivés par les Bresca, et voilà pourquoi je me suis mis en route pour ce village de féerie, trop beau pour des yeux mortels. Vingt fois j'avais lu dans tous les guides possibles l'historiette relative à l'obélisque de la place San Pietro, mais je l'ai seulement aimée en la retrouvant écrite en un style émouvant et riche dans le roman de J. Ruffini intitulé le *Docteur Antonio*. L'éminent publiciste italien a doté la Bordighera d'une héroïne, idéale comme les jeunes filles les plus exquises de sir Walter Scott, et le souvenir de Lucy Davenne, la douce amie de Speranza, est désormais inséparable des campagnes fleuries où le poëte l'a exilée pendant une saison de printemps. Je n'ai pas rencontré sa robe blanche dans les petits sentiers où verdit l'acanthe, mais j'ai vu les arbres précieux qui donnaient à sir John Davenne l'idée de construire dans ses serres une *palmiérerie*, et je ne crois pas que les yeux humains puissent être ravis par de plus rares enchantements.

C'est tout d'abord un tel éblouissement de vive et savoureuse verdure, que l'œil éperdu flotte comme dans un de ces délires des symphonies où la fureur du musicien impose à toute la nature la couleur et l'accent de son rêve ; du bord de la mer au fond de la campagne, en jardins, en pépinières, en terrasses étagées, coupées de petits ruisseaux verdoyants et murmurants, les palmiers lancent vers le ciel leurs immenses rameaux droits, hardis, luxuriants, agités à peine par le vent tiède, sublimes comme la Gloire, et, comme la Prière, avides d'éther et d'azur. Vers les étoiles! vers les étoiles! semblent s'écrier ces nobles feuilles qui dédaignent la terre et qui sont, comme l'âme humaine, affamées de bleu et altérées d'infini. Parmi ces jardins, les uns sortent à peine de terre; les palmes sans tronc y semblent des jets de verdure; dans d'autres, les arbres deux ou trois fois séculaires sont des géants aux panaches terribles; à vos pieds, vous avez les palmes naissantes, mais déjà fières, car, à peine né, ce feuillage auguste a l'orgueil de sa destinée impérissable; sur vos têtes, les grands palmiers, minces, hardis, couronnés de feuilles comme les colonnes démesurées d'un temple idéal; les uns sont penchés au bord du chemin comme un Génie qui prend son vol; d'autres escaladent une maçonnerie qui leur cachait le ciel; ceux-là, touchant à peine du pied une muraille effritée, s'élancent dans l'espace, soutenus tout entiers dans l'air, qui semble leur prêter des ailes. Et tout cela si frais, si riche, si verdoyant, que, pour l'esprit trompé, ces rameaux se changent en océans, en ruisseaux, en fleuves, en cascades de verdure. D'autres fois, quand notre imagination les anime, ce sont des saints, des troupes de guerriers et d'anges équipés pour la conquête d'une Jérusalem céleste. Rien ne porte le cachet de l'éternité comme ces palmiers qui lentement, si lentement, mais d'un vol implacable et sûr, montent vers l'abîme qui les attire. Chaque année donne quelques pouces à peine au tronc, qui ne se forme que par le pied des branches coupées, et sur nos têtes s'agite tout un monde de ces arbres déjà grands comme des colonnes triomphales; beaucoup sont si vieux et tant de fois séculaires, que leur tronc, naguère rugueux et formé d'écailles imbriquées, est devenu lisse et dur comme un fût de marbre. Quelques palmiers aussi, las sans doute d'un effort inouï, sont tout à fait couchés, étendus le ventre contre terre, comme un pèlerin brisé de fatigue; mais chez ceux-là aussi le feuillage regarde toujours les vastes plaines d'azur, comme l'aspiration à Dieu, qui ne s'endort pas dans les âmes ardentes, même lorsqu'elles sont enveloppées dans les voiles funèbres du sommeil.

Bien des passants ont prononcé à propos de la Bordighera le nom d'Afrique ; rien de plus faux que cette comparaison. La Bordighera est plutôt fraîche et reposée, d'une verdure brillante et pompeuse comme celle d'une forêt d'Angleterre au mois de juin. On a voulu voir en petit les forêts vierges dans ces agglomérations de feuilles et de rameaux qui se disputent la lumière; mais, au contraire, il est dans la nature des palmiers réunis de former des combinaisons architecturales aussi régulières que si elles sortaient du front d'un artiste inspiré; ce sont des Alhambras vivants, des mosquées de feuilles, des palais qui grandissent à chaque heure; et ces jardins, dont la végétation déborde de vie et de richesse, offrent des dessins aussi savants que ceux du rigide le Nôtre, mais ivres d'enthousiasme, noyés de joie. Le plus beau jardin de la Bordighera, mêlé de grands palmiers et d'oliviers antiques, appartient au consul de France; il dirige une des huileries les plus importantes du pays, installée dans le jardin même du consulat, et vit comme un roi d'Ithaque aux temps héroïques. Le blason de la France, accroché sur la façade de la maison, n'est pas du tout déparé par les pressoirs d'huile qui l'entourent, car ces industries, qui ne se sont pas transformées depuis la Bible et l'Odyssée, ont gardé le noble caractère des âges primitifs. Et d'ailleurs, en regardant les palmes immenses qui coupent le ciel, on ne peut penser à rien de vulgaire et de prosaïque; on revoit l'ange de Rembrandt lancé en pleine lumière dans son vol effroyable, et tous ces anges des peintres espagnols qui apportent au martyr mourant la récompense des vertus sublimes. Heureux colons de la Bordighera, battue des flots sonores! Heureux, heureux Bresca! tandis que d'autres vendent de la quincaillerie ou de la rouennerie, ils font, eux, un commerce dont l'objet est par son essence même héroïque et idéal ; négociants, ils fournissent le paradis, les sept cieux éclairés par un radieux amour, le sanctuaire même où s'assied le Trône flamboyant, et leurs pratiques sont les archanges célestes qui chantent la gloire infinie sur les harpes frémissantes d'allégresse. Un seul de ces rameaux fait le désespoir des âges et l'admiration de l'univers, et ils les possèdent, eux, par milliers dans leurs forêts de verdures sacrées, habiles à guérir plus de blessures saignantes que n'en ont reçu depuis le commencement du monde les soldats de la vérité et de la foi. J'admirais les parterres de géraniums et de violettes ; mais combien plus grandioses sont ces champs de palmes couleur d'émeraude où s'approvisionnent les magasins du ciel et les granges du paradis !

XIII

Le petit village de la Bordighera est formé de rues étroites, montueuses, où ne pénètre pas le soleil, et où l'ombre entretient une fraîcheur glacée. Les maisons, qui d'un côté à l'autre de la rue se touchent presque, sont jointes par des arcades de maçonnerie placées à une assez grande hauteur, et dont l'effet est inattendu et pittoresque. Pourtant ce village, tout à fait privé de la lumière d'or, semblerait triste si l'ardente végétation de ces pays enchantés consentait à laisser à la chaux et aux pierres leur nudité crue; mais, au contraire, elle prend d'assaut ces fragiles ouvrages de l'homme, et, malgré lui, s'associe à sa pensée et la vivifie en y apportant le mouvement sans repos de la séve universelle. Les feuilles, le gazon, les fleurs sauvages, se mêlent aux murailles, en égayent les tons froids, et d'un grand morceau de chaux grise et salie font un tissu merveilleux où les plus riches couleurs éclatent, et où s'organise sans effort cette inéluctable harmonie que la nature donne à ses créations les plus imprévues. Ces rues, ces ruelles, ont été affreuses, sans doute, le jour où le maçon les achevait; mais, en se dégradant, la chaux des arcades laisse voir le rouge vif des briques ; la verdure fleurie s'empare des murailles, un palmier s'échappe du jardin voisin et vient se pencher curieusement sur la ruelle déserte, l'herbe croît dans les interstices des pavés, les oiseaux chanteurs traversent la rue pour aller d'un jardin à l'autre, et tout de suite la triste et froide maçonnerie devient un coin charmant, presque joyeux et plein de poésie. Ce n'est pas seulement aux maisons du village que s'attaque la végétation envahissante, elle verdit la terre du chemin, les cailloux, les pierres éparses, les margelles des puits, si bien que, dans tout ce qu'il embrasse, l'œil n'aperçoit pas un point nu et inanimé, car sur cette terre bénie tout s'agite et respire, et nulle part on ne voit triompher la matière inerte. Entre deux jardins de jeunes palmiers il y avait un lavoir de pierre établi dans un ruisseau d'eau courante; douze belles jeunes filles y lavaient le linge en chantant une chanson vive et sautillante, accompagnée par le bruit des battoirs; précisément cette mousse, cette verdure indicible que j'ai vue partout à la Bordighera égayaient les fentes de la pierre, et faisaient une harmonie avec la verdure des palmes hardies; les oiseaux, comme les laveuses, chantaient dans l'océan de feuilles et dans les rayons de soleil ; j'ai emporté de là une de ces impressions délicieuses qui vous rendent heureux de vivre.

En tout pays le soleil et la verdure sont une

fête pour les yeux du poëte, mais ici il n'y a pas une plante qui n'ait été chantée et célébrée par la lyre, pas un rameau qui n'ait tressailli dans la main des dieux, pas un arbre dont le nom ne soit noble et auguste à jamais dans la mémoire des hommes. Voici le noir laurier dont les trois muses se couronnaient en Piérie avant la naissance des dieux; et, vivace, immortel, impérissable et sacré comme l'amour même, voici le myrte! Dans les chemins, voici l'euphorbe avec ses poisons, l'ellébore qui guérit de la folie, et ici, en longues feuilles découpées, verdit l'acanthe; ici la jeune fille grecque peut oublier sa corbeille; le plus élégant des chapiteaux sera créé au caprice d'une herbe qui pousse. O chères plantes! pâles oliviers de la vierge dure et sanglante aux yeux couleur d'aigue-marine, pommes d'or, myrte, laurier, capricieuse acanthe, vous ne savez pas le bien que vous me faites! Moi aussi je vous ai nommées bien des fois dans mes vers, qui ont été le jouet du vent et la pâture de l'oubli, et, chaque fois que je balbutiais vos noms sacrés, j'ai vu autour de moi des sourires de pitié et de vertueux haussements d'épaules. Inventions de poëte! semblaient dire autour de moi les mines capables et dignes des bourgeois affairés. A la bonne heure l'orge, le trèfle, la carotte, la luzerne! cela se voit, cela se mange, cela existe! Mais, s'il vous plaît, où est-il, votre laurier? où grandit-elle, votre acanthe? Peu à peu j'arrivais à me persuader à moi-même que j'avais commis bien des crimes contre la réalité, et que j'adorais indûment des arbres chimériques! Mais non, les voici bien, je les vois, je les respire, je les touche; ils existent aussi réellement que Phébus à la chevelure flamboyante, et que la blanche Aphrodite, dont la lèvre est comme un ruban d'écarlate. A présent, bourgeois, mes voisins, vous aurez beau dire, je croirai à l'existence des palmes et à l'existence du laurier; d'autant plus qu'en quittant la Bordighera je portais sur mon épaule des palmes longues de six pieds, et que leur poids me faisait presque chanceler, moi, pauvre malade, traînant ma névrose parisienne à travers les pays où la souffrance est inconnue.

Hélas ! il a fallu les quitter, ces plaines de palmes vertes où, strophe par strophe, le Cantique des cantiques me revenait à la mémoire ! Mais j'en aurai rapporté un trésor certain et effectif, une indifférence profonde pour le scepticisme des faiseurs de mots rayés et de périodes à percussion ; à présent, comme si j'étais protégé par une triple armure de diamant, je puis relire sans péril l'article célèbre où un railleur nie effrontément l'existence des orangers ; je sais à jamais ce qu'il faut penser de ces fleurs de rhétorique écloses entre les pavés, dans le ruisseau un peu fangeux de la rue du Bac ; pour toute ma vie, j'ai empli mes prunelles de cet immuable azur que la Méditerranée déroule mélodieusement, comme un défi à toutes les négations de ce monde. Ah ! méchants, vous aurez beau faire, votre ironie n'égalera jamais en intensité la pourpre des coraux vivants et la blancheur des perles sans tache, et, tant qu'elles s'élanceront ainsi désespérément vers l'escalier de saphir qui mène au ciel, ces palmes vertes vous défendent d'affirmer que tout finit ici-bas. Et si j'admire ainsi l'essor d'une misérable plante que ses pieds tiennent enchaînée au sol, qui donc arrêterait le vol de ma pensée et les grandes et libres ailes de mon âme ?

XIV

C'est seulement au retour de la Bordighera, et après avoir apaisé ma soif de palmiers, que j'ai pensé à regarder les villages étagés sur la route. En allant vers le paradis des Bresca, je songeais si fort aux merveilles inconnues du hameau verdoyant, que je n'avais rien vu et rien voulu voir. Vintimille, sous lequel passe la Roya, fleuve absent comme le Paillon, est charmant avec ses diadèmes de fortifications que le soleil dore; Menton, orné d'une longue galerie qui donne sur la mer, et commandé par une petite tour qui s'avance jusque dans les flots, est bâti à souhait pour le plaisir des yeux, quand on se borne à passer devant lui par la route de la Corniche. Les maisons sont gracieusement placées en amphithéâtre, et le tout, noyé de lumière et couronné de verdure, a fort bonne façon; mais il ne faut pas, comme je l'ai fait, visiter cette ville maussade! Heureusement des allées et des jardins de citronniers sans pareils au monde consolent de Menton, dès qu'on en est sorti. Ces arbres, toujours chargés de fleurs et de fruits vermeils, dont la récolte ne finit jamais, ont mille fois plus de charme que les sombres orangers, dépouillés longtemps de leur parure, et le fruit, d'un jaune vif et tendre, est aux yeux d'une douceur inouïe. Quant à la ville elle-même, rien n'en sauve la désespérante vulgarité. Vue à l'intérieur, c'est un des plus vilains bourgs de la Picardie ou de la Beauce, où dix boutiques de barbier peintes en bleu céleste donneraient le spleen à madame de Léry, et la disposeraient à faire toutes les folies imaginables pour le moindre chiffon d'écarlate! Une inscription placée sur la maison où naquit le général Bréa est la seule pierre que l'on puisse remarquer à Menton. Averti par cette déconvenue, je me suis bien gardé d'entrer dans Roquebrune, admirable à voir sur la montagne, que ses maisons semblent gravir péniblement. On prétend ici que Roquebrune était bâti non pas où nous le voyons maintenant, mais précisément au sommet de la montagne. Un tremblement de terre l'a porté, lui, ses maisons, ses puits, ses habitants et ses jardins, à mi-côte, pendant une nuit bien noire, et ce déménagement a été exécuté avec tant de soin et de prestesse, que nul habitant de Roquebrune, ajoute le récit, ne l'a seulement soupçonné avant les premiers rayons de l'aurore.

J'aime, je l'avoue, cette historiette, qui sent les *Mille et une Nuits*. Est-elle vraie? C'est là, sans doute, son moindre défaut, mais ne craignons pas d'accueillir l'extraordinaire avec un peu de partialité, à une époque où tous les feux de Bengale, verts et roses, sont dépensés à embellir les apothéoses de la vie réelle! A quelques pas de Roquebrune, un pont jeté sur un ravin d'une profondeur inouïe laisse voir le flot blanc d'un torrent se brisant sur les roches grises entrelacées et sur les branches d'arbres étendues comme des reptiles; en bas, ce spectacle qui vous grise et vous attire; en haut la montagne énorme, rouge, brûlée, éventrée, puis couverte d'arbres, puis encore nue et du front touchant l'azur. Encore quelques tours de roue au bord de la mer, voici les orangers et les caroubiers de Monaco; la presqu'île est posée comme une corbeille éclatante dans sa vaste mer d'un bleu intense, verte d'algues sur les rivages. Une lumière formidable enveloppe l'immense, le calme et riant tableau. Décidément c'est là l'Eldorado et l'Eden incomparable; je voulais cette fois retourner à Nice sans m'arrêter à Monaco; je n'en ai pas eu le courage. Encore une journée là, me suis-je dit; qui sait si je reverrai de ma vie ce lieu de repos et de joie, exilé si loin du boulevard du Temple! J'ai été lâche, et bien m'en a pris; à mes précédentes excursions, je n'avais pas songé à voir les jardins du prince, car comment se soucier de jardins fermés dans un pays qui est tout entier un jardin sans limites, fleuri, parfumé et ouvert sous le ciel? Ceux-là pourtant méritent d'être vus, et pour peu qu'on ait rencontré au cercle des Étrangers l'architecte du prince, il n'est pas trop difficile de les visiter. Quant à les décrire, c'est autre chose. Pour en donner la moindre idée, il faudrait tailler avec un canif de diamant toutes les plumes du phénix et de l'oiseau bleu, et les tremper dans le sang même des pierreries. Je conseille aux peintres sobres de ne pas s'aventurer dans ce pays où tout à coup, sans vous prévenir, les roches des chemins et les pierres des maisons prennent des tons de rubis, de topaze et de sardoine, et où des brins d'herbe, éclatants comme l'émeraude, se trouvent, quand on passe près d'eux, être plus grands que les passants. Pour le faire revivre, il faudrait la gouache consciencieuse des Chinois, mêlée d'or, d'argent et de paillons; et que ferait-elle de cette lumière fabuleuse et ravie dont le baiser silencieux enveloppe éperdument la nature?

XV

Aplanie tout au haut de la montagne, la grande place de Monaco, sur laquelle s'ouvre le palais, est fermée par un parapet percé de meurtrières et garni de canons, donnant sur la mer. La première terrasse, l'antichambre des jardins, si vous me permettez d'employer ce mot à la Mascarille, indispensable ici, ne fait que continuer cette place, avec la même exposition et la même vue. De la terrasse à la mer, le sol est tapissé par une quantité démesurée de figuiers de Barbarie, dont les feuilles charnues, armées de piquants, s'ajoutent l'une à l'autre, et, comme des grappes formidables, enlacent en se jouant la montagne farouche. J'ai dit antichambre, parce que les jardins du prince, mêlés et enchevêtrés comme les pièces d'un casse-tête chinois, sont plus nombreux que les chambres de la Barbe-Bleue ou que les tiroirs de Catherine de Médicis, dans son fameux cabinet du château de Blois. Mais cette pièce d'entrée est longue à peu près comme l'allée de l'Observatoire au Luxembourg, et d'un bout à l'autre garnie de rosiers en fleurs et de lauriers-roses. Pour vous faire deviner l'impression que l'on peut éprouver en voyant tant de rose à la fois, je ne puis faire mieux que de vous engager à relire l'*Éloge de la Rose*, par Pierre de Ronsard ; car, lors même que j'écrirais ici une complète symphonie du rose, je lutterais mal avec cet amas de fraîches corolles et avec cette débauche de rose à toute outrance. Dès cette antichambre, vous voyez une plante, à la fois plante grasse et plante grimpante, dont je ne sais pas le nom, et qui joue un très-grand rôle dans les jardins du prince, ou plutôt, comme une actrice à travestissements, elle y joue tous les rôles, à la grande satisfaction du public. Avec ses feuilles longues, aiguës, d'un vert mat, qui ont l'épaisseur et la consistance d'un fruit, elle remplace le gazon, le lierre, tout ; elle garnit le terrain des plates-bandes, elle couvre les rochers et les murs, tantôt rampante et grimpante, et çà et là égayée par des fleurs fièrement relevées en panache, et dont les unes sont jaune pâle, les autres rose tendre. J'aurais pu demander le nom de cette belle plante au bibliothécaire de la ville de Nice, à l'excellent abbé Montolivo, qui est un botaniste de première force et qui peut nommer tous les brins d'herbe de ce bas monde, comme faisait son ancêtre Adam le nomenclateur. Mais il y a longtemps que je me suis résigné à n'être qu'un ignorant, bon tout au plus à enfiler des rimes d'or et à polir des sonnets pour Cassandre quand revient Avril, l'honneur des mois, poudré d'une neige éclatante de fleurs.

Le palais de Monaco, bizarre assemblage de constructions antiques à tournure arabe, dont les murs s'ajoutent au roc hérissé de plantes, et de nouvelles bâtisses dont il ne faut rien dire, est si bien associé et mêlé à la montagne, que parfois, grâce aux rideaux de verdure qui s'accrochent partout, on ne sait pas où finit le sol et où la pierre commence. Les jardins sont dans le château aussi réellement que le château est dans les jardins ; les terrasses, les coteaux, les allées, ici montent vers l'édifice et l'embrassent, là descendent vers d'autres parterres, auxquels on arrive en traversant des portes ou en gravissant des marches creusées dans le roc : c'est un labyrinthe séduisant, d'où il est d'autant plus difficile de sortir qu'on n'en veut pas sortir une fois qu'on s'y promène à travers une végétation prodigieuse, sous un ciel dont il semble à chaque instant que l'azur va disparaître, dévoré par la lumière de diamant dont les vives étincelles l'envahissent et le pénètrent. Aussi l'architecte a-t-il négligé d'y faire placer des bancs, adressant ainsi un madrigal excessif à l'adorable nature qu'il était chargé de mettre en œuvre. Dans d'autres endroits, les jardins sont tout à fait conquis sur la pente de la montagne, et par des plateaux étagés, resplendissants de fleurs aux couleurs vives, descendent jusqu'à la mer, qui lèche amoureusement cette colline de parfums.

J'espère vous étonner en vous apprenant que ce fabuleux Versailles suspendu au milieu des airs est entretenu par un seul jardinier, dont les appointements coûtent au prince 40 fr. par an! Pourtant il n'y a rien là que de naturel, car les plantes qui ornent ce lieu de délices, géraniums, aloès, lauriers-roses, sont les mêmes qui à Monaco poussent sur les grands chemins, et elles y seraient aussi belles que dans les parterres du prince, si elles n'étaient dévorées par les animaux domestiques, brisées par les enfants et insultées par la poussière. Mais là, calmes, reposées, vivifiées par l'air de la mer, qui de deux côtés vient les rafraîchir, elles ont toute la gigantesque puissance de végétation de leurs compagnes grandies en liberté, et elles n'attristent pas le regard par ce voile poudreux qui souvent à Nice déshonore les plus riants paysages. Oui, seulement des lauriers-roses, des aloès, des géraniums; mais les aloès sont des colosses qui résistent à la hache; les lauriers sont plantés en forêts touffues; les géraniums, à l'état d'arbres, étendent sur de vastes espaces un voile de pourpre écarlate : on dirait qu'un pêcheur-génie a jeté sur le penchant de cette montagne tous les coraux de la mer. Ailleurs, des tapis de violettes s'étendent à perte de vue, laissant monter au-dessus d'eux une colonne d'odeurs suaves. Mais ces douces violettes aux grands yeux bleus ne sont pas, comme toutes celles des villas environnantes, destinées à la main brutale du parfumeur ; leur essence, mêlée à des drogues de pharmacie, ne sera pas emprisonnée dans de prétentieux flacons. Elles naissent et meurent libres sous le ciel, fleurs de luxe, fleurs de loisir, qui fleurissent pour fleurir, pour la joie d'exhaler leur âme en des ivresses silencieuses, et d'admirer toutes les nuits l'inexorable blancheur des étoiles. Celles-ci, on n'ose les cueillir sans raison, ni les fouler aux pieds et les meurtrir : ce sont les violettes princesses et courtisanes, portant fièrement leur diadème ; tandis que les violettes élevées pour les alambics penchent le front et se sentent parquées sans espoir, comme le troupeau d'un harem. Le prince de Monaco a l'esprit de ne pas laisser voir ses appartements, et prouve ainsi un tact admirable. Possédât-il encore la fameuse salle pavée en sequins d'or, que pourrait-il montrer après ses aloès aigus et formidables comme des glaives de géants, après ses géraniums pareils à des héros revêtus de pourpre ; après ses lauriers-roses qui ont pour fleuve une mer paradisiaque; après ses figuiers de Barbarie jetés du sommet de la montagne comme des cordes qu'un prisonnier suspend pour son évasion; après ses prairies et ses rideaux de plantes grasses qui tapissent la terre et le roc d'un treillis vivant ; après ses terrasses qui s'élancent vers les flots, vêtues de fleurs comme des nymphes enamourées! Tout au plus les voyageurs protégés par l'architecte du prince traversent la cour intérieure du palais, parallélogramme à galeries, entouré d'arcades, où l'on admire des restes de fresques, relativement anciennes, qui méritent d'être remarquées. C'est une guirlande de peintures entourant l'ensemble entier des bâtiments, où s'entremêlent de puissantes nudités à la Rubens, d'une facture hardie et d'une belle couleur. L'escalier, qui rappelle, dit-on, celui du palais de Fontainebleau, (en bien petit toutefois,) est orné de boules d'un marbre noir qui ne peut se polir et qui garde, malgré l'outil, son grain sauvage et fruste. A peine étais-je hors de ces Florides, le chagrin m'a pris, et j'avais envie de demander à y rentrer; mais tout était dit, la porte s'était refermée, et c'est toujours ainsi que finissent les rêves. Bien vite je me suis hâté de descendre vers la mer et de monter dans une barque. Justement il me restait à voir ce qu'on nomme *la Grotte;* la mer seule, avec son regard plein d'apaisement, pouvait m'empêcher de regretter trop vite ces Babels de verdure et de fleurs. Et à ce moment-là elle était divine! Au loin, d'un bleu foncé, frangé d'argent; près de nous, d'un vert tendre frappé d'or, et sur ces deux nappes éblouies le soleil laissait trembler sa lumière blanche et splendide.

XVI

Délicieux voyage d'une heure sur cette mer, où vers l'horizon glissent de blanches voiles ! A-t-il duré une heure ou mille ans ? je n'en sais rien, car, pendant que le petit bateau se balançait, bercé par les lames folles, j'ai eu le temps de me rappeler toute ma vie, et de revoir une dernière fois, s'enfuyant avec un pâle sourire, tant de rêves si longtemps adorés, tant d'amours qui tenaient dans leurs mains des fruits pourprés, dont la chair est cendre et poussière ! Sur le rivage, fait de coteaux penchants, des jardins d'oliviers et d'orangers disposés en amphithéâtre, de riantes villas cachées sous leur ombrage, déroulaient un panorama sans fin, et il n'y a pas une de ces habitations sur la porte de laquelle on ne voudrait écrire : Le bonheur est là ! Un moulin à huile, dont la grande roue change l'eau de la mer en un tourbillon de neige et d'argent, répand sur l'azur qui l'entoure un or liquide dont le goût friand attire les poissons aux écailles brillantes. Comme je les regardais chatoyer au soleil, un grand vol d'oiseaux blancs comme la neige vint passer près de nous, et tous s'abattirent sur la mer, où ils voguaient doucement dans un sillon de lumière. Au temps où les persécutions de Dioclétien ensanglantaient l'empire, habitait en Corse une jeune fille chrétienne nommée Dévote. Un gouverneur impitoyable la fit périr dans les supplices. On lui broya la bouche avec une pierre, on la traîna parmi les ronces sur des rochers aigus, on l'attacha enfin sur le chevalet, où elle expira. Puis il fut ordonné que son cadavre serait brûlé et ses cendres jetées au vent. Cependant, avertis par une vision, le prêtre Benenato et le diacre Apollinaire vinrent prendre ce corps pendant la nuit, et, après l'avoir embaumé, ils s'embarquèrent pour l'Afrique avec un pilote nommé Gratien. Mais tous leurs efforts pour y aborder furent vains, et toujours le vent les poussait vers les côtes de la Ligurie. Le lendemain matin, le nautonier s'étant endormi, la sainte lui apparut, environnée d'une éclatante lumière. Elle lui ordonna de regarder ce qui sortirait de sa bouche, parce que ce signe devait indiquer le lieu où elle voulait être ensevelie. En effet, le pilote à son réveil vit, ainsi que ses deux compagnons, une blanche colombe sortir de la bouche de sainte Dévote et se diriger vers Monaco. En voyant les beaux oiseaux de neige se poser sur la mer tranquille, j'ai songé à cette légende naïve et charmante. Nous arrivions à la Grotte, contre laquelle le flot, partout si paisible, se brisait avec une sorte de fureur. Elle est large, basse, creusée dans le roc de la montagne, et l'on y voit, dit-on, de riches stalactites. Au moment où nous allions aborder, nous aperçûmes une jeune fille admirablement belle qui dormait couchée à l'entrée de la grotte. Enveloppée dans une sorte de manteau brun et couronnée de fleurs sauvages, elle se délassait dans un gracieux sommeil. Ses cheveux s'étaient dénoués et tombaient de toute leur longueur sur sa poitrine; un sourire rempli d'une joie indicible éclairait son poétique visage. A côté d'elle, des fleurs éparses jonchaient amoureusement le sol. J'ai cru, je crois encore en me la rappelant, que c'était quelque fée ou quelque nymphe endormie là au murmure de la mer paisible. Mes compagnons voulaient à toute force l'éveiller et entrer sous les roches, persuadés que c'était tout bonnement une paysanne des environs, et qu'elle était venue là, non pas, comme je le pensais, sur un chariot de perles attelé de cygnes, mais dans la barque d'un pêcheur, qui, sans doute, devait venir la chercher un peu plus tard. Mais moi, précisément, si mon opinion était fausse, je ne tenais pas du tout à être détrompé; et quant à troubler les êtres surnaturels dans leur repos, c'est un crime que je ne commettrai jamais sciemment. Mille fois ils m'ont dévoilé avec complaisance leurs retraites inconnues des hommes, leurs abris de feuillages et leurs palais de corail et de cristal sous les eaux ; ce n'est certainement pas moi qui les trahirai ; c'est bien le moins qu'on se soutienne entre gens unis par la pensée et qui parlent le même langage ailé, dont l'harmonieux murmure voltige comme un oiseau sur les lèvres altérées d'amour. Je n'ai donc pas vu l'intérieur de la grotte. Je me suis borné à gravir à quelques pas de là une colline abrupte d'où l'on voit une anse délicieuse entourant la mer d'une ceinture de vieux oliviers. J'espère que l'Ondine me saura gré de ma discrétion, et, la première fois que je

m'endormirai au bord de la mer, peut-être
daignera-t-elle me traiter comme ce chevalier
des *Nocturnes* qui se gardait bien d'ouvrir les
yeux, et qui se laissait tranquillement embrasser au clair de lune. En tout cas, je ne
manquerai pas, moi, de lui donner asile
dans quelque poésie fantastique où elle pourra
dormir pendant mille ans, si bon lui semble, sans crainte de se voir éveillée par le
caprice brutal d'un touriste, et je tâcherai de
faire murmurer autour d'elle des rimes sonores qui lui rendent la plainte caressante et
le voluptueux bruissement de la rivière de
Gênes.

J'arrive à Nice, et je trouve, ô douceur! ô
surprise! que le printemps s'y est installé pendant mon absence. Certes, je voudrais bien
voir les lilas blancs et lilas de Bellevue qui
m'ont causé tant de ravissements l'année dernière à cette époque-ci ; mais le printemps à
Nice, on ne peut pas imaginer quel délire

c'est, et quelle fête des yeux ! L'hiver, en voyant la campagne toute verte, on se figure que la belle saison n'y peut rien changer ; mais voici qu'à travers les sombres verdures éternelles éclate tout à coup en jeunes pousses, en guirlandes de feuilles, la tendre et claire verdure d'avril; les arbres fruitiers sont écrasés sous les fleurs roses et cachent la Nuit sous leurs branches touffues ; les pensées grises, jaunes, violettes, étalent leurs larges fleurs ; les vrais arbres, les arbres de France, renaissent et se transfigurent, et une floraison fabuleuse de toutes les couleurs imaginables prend d'assaut la campagne émerveillée; la fantasmagorie du printemps de décembre s'efface pour faire place à une végétation gaie et luxuriante ; le soleil est toujours éclatant, mais il n'a plus froid ; après avoir réchauffé tant d'Anglais valétudinaires, il se réchauffe lui-même ; la mer toute lumineuse est partout poudrée de pointes de diamant et de poussière d'étoiles, et, la nuit,

semée de paillettes enflammées, elle roule, en
se pâmant d'allégresse, de larges nappes de
phosphore.

15 mai 1860.

XVII

Les villes ont leur destinée écrite, et le sort de Nice est de régner sans partage parmi ces filles de la Méditerranée qui sont vêtues de flots transparents et de roses fleuries. Si Nice pouvait être détrônée, ce serait par ce merveilleux pays de Cannes, où les palais naissent par enchantement, comme les roses sous les pieds du passant; mais Nice, campagne odorante, éblouie, et ville fashionable, où tous les princes de l'univers passent en calèche au bord d'une mer qui parle d'immortelles amours ; Nice, où l'œil éperdu voit autant de diamants que de fleurs, et où des gipsies dorées par le soleil, mais coiffées par une modiste de la place Vendôme, croisent sur la promenade des Anglais des beautés de lys aux cheveux rouges, poussées comme des lotus au bord des lacs mélancoliques ; Nice ombreuse et enflammée, qui semble un paradis terrestre fait pour la solitude, et où brillent les satins, les joyaux, les uniformes, les ordres étincelants de pierreries ; Nice, à la fois Eldorado et boulevard de Gand, restera sans rivale parmi les séjours d'oubli, et, en la contemplant, je crois voir une nymphe de l'azur stérile, Pasythée ou Cymothoé, gantée de gants à deux boutons, portant, comme il convient, une crinoline à queue, et vêtue à la dernière mode parisienne de la Gazette Rose ! Voilà pourquoi l'or de lord Brougham, du général Taylor, de M. Leader, de M. Woolfield, de M. de Crookenden et de l'amiral Pakenham n'a pas pu faire de Cannes une seconde Nice.

La nature avait donné à Cannes un climat délicieux, une végétation miraculeuse, des fleurs, des sources vives, une plage de sable fin où la jeune baigneuse peut errer pieds nus sans craindre, comme à Nice, de meurtrir sur les galets ses talons rougissants, et puis cette mer follement calme, qui n'a pas, comme à Nice, le mélodieux gémissement et la frange d'écume. Elle lui avait donné des îles bénies, un encadrement de montagnes couvertes d'oliviers, non pas jusqu'à la ceinture comme celles de Nice, mais jusqu'à leur cime ; les Anglais enthousiastes et prodigues ont ajouté à ces richesses naturelles tout ce qu'on peut faire avec de l'or ; tout le long des coteaux verdoyants ils ont semé à profusion, comme par gageure, les châteaux gothiques aux fines tourelles, les blanches maisons de Naples, les palais de la Renaissance aux escaliers superbes ; ici un chalet, plus loin un presbytère d'Écosse, et jusqu'à des minarets blancs et rouges empruntés au fabuleux Orient des keepsakes. Grâce à eux, les architectures disputent à la végétation effrénée chaque pouce de terrain : les dentelles de pierre luttent avec les arceaux de feuilles, l'acanthe vivante et réelle embrasse l'acanthe sculptée, et c'est à ne pas savoir laquelle des deux étouffera l'autre.

Il faut visiter ces villas babyloniennes pour savoir ce que les Anglais peuvent faire à force de volonté et à force d'or; les tourelles, les galeries, les balcons aux balustres ventrus, poursuivent le terrain fuyant et s'installent de force au milieu de la nature la plus indépendante et la plus sauvage. Comme dans les capricieux tableaux de Baron et de Nanteuil, les terrasses inutiles, les galeries fabuleuses, les escaliers qui ne conduisent nulle part, se multiplient à perte de vue, et comme si cette belle terre avait été envahie par un peuple de génies architectes aux ailes diaprées, bâtissant en l'air avec du ciment de rubis et des truelles d'or. Le long de ces rampes coupées sur le ciel bleu on voudrait voir passer, le sourire aux lèvres, les nobles femmes du Décaméron et de la peinture vénitienne, les dames aux cheveux maïs, aux colliers d'un rang de grosses perles, aux robes rose de Chine et vert Véronèse, aux manches jaune-safran, aux jupes chamarrées comme des étoffes d'église. Hélas! il est absent des escaliers de marbre, ce monde enchanté qui parle d'amour au son de la basse de viole et qui élève vers le ciel des coupes de vin écarlate; mais on en voit descendre, blanches, grasses et rêveuses, de jeunes miss aux anglaises légères comme la cendre fine, gantées de mitaines écrues et chaussées de brodequins taillés dans une aile d'insecte. Shakespeariennes elles-mêmes, elles lisent des histoires shakespeariennes dans des volumes flamboyants reliés en toile gaufrée, et elles s'attendrissent sur les malheurs de Desdémone et d'Ophélie, sous un ciel où aucune Ophélie ne saurait devenir folle d'amour. Malgré tout, ces jeunes personnes si bien portantes et si élégiaques animent très-heureusement les villas, et, comme les châteaux gothiques semés à profusion parmi les oliviers, elles représentent la poésie du Nord violemment transplantée à la lumière du soleil par la toute-puissante volonté de l'Angleterre.

Par exemple, la nature n'a pas consenti à un travestissement de ce genre, et il serait inutile de chercher sur les versants du Vallauris l'Écosse romantique des lakistes; la végétation y chante partout un hymne furieux à la louange du soleil. Les orangers en fleurs jettent dans l'air leur parfum qui enivre, les pins et les grands cyprès déchirent l'azur; les figuiers écartent leurs rameaux comme des chandeliers à sept branches; puis voici les chênes-liéges écorcés par la base. Leur séve sanglante est caillée et noircie comme la cicatrice d'une blessure. Les grands oliviers tordent vers le ciel leurs bras pensifs et montrent leur feuillage douloureusement crispé et brûlé par la gelée suivie d'un soleil torride. Dans les plates-bandes, d'immenses nappes de rouge verveine ruissellent comme des fleuves de pourpre; des rhododendrons éblouissants ouvrent leurs fleurs touffues couleur de laque carminée. Des terrasses de grès rouge sur lequel étincellent des écailles de mica roulent, comme dans les jardins de Monaco, des ficoïdes aux corymbes jaunes, blancs ou écarlates en forme d'aster; et, par places, d'énormes bouquets, il faudrait pouvoir dire des tas de rosiers, affolent le regard de leur floraison envahissante. Pas de branches, pas de rameaux; le bois disparaît sous le feuillage, le feuillage disparaît sous les fleurs. L'arbre en porte tellement trop, qu'elles perdent toute réalité et toute vraisemblance; en voyant tant de roses, on songe à la naïve conscience de ces peintres de village qui veulent employer au profit de l'acheteur toute la couleur étendue sur leur palette. Jamais, en ses madrigaux faits pour Cythère, M. Dupaty ne créa d'un trait de plume autant de roses qu'en étale un buisson de ces arbustes farouches; mais l'excès de celles-ci atteint au grandiose, car on devine que les rosiers auraient bientôt enseveli le jardin, la ville et ses habitants, si on ne les arrachait quand ils vont trop loin, comme une mauvaise herbe. Le goût douteux des décorateurs d'opéra-comique est ici dépassé par la nature même; seulement elle sait tout arranger avec l'air et le soleil, qui donnent de la transparence aux masses les plus surchargées et les plus confuses. D'ailleurs, ces jardins ont mille aspects divers : sur les sables qu'a vomis la houle des baies, les larix et les pins dressent leurs épinglures sonores; ailleurs, des ajoncs couvrent leurs poignantes épines de casques d'or vif; des brandes ou bruyères noires gravissent les collines ; dans les basses régions d'où sourdent mille infiltrations, des glaïeuls s'ouvrent comme les pavillons d'un cor.

La verdure sombre, claire, luxuriante, infinie, dispute au ciel les horizons, au jardinier le sable des allées, à l'architecte l'ornementation des palais. Et si vous regardez ce spectacle en vous plaçant à mi-côte, par exemple, dans la jolie villa des Anges ou dans la villa Alexandra, d'où l'œil domine le golfe de Cannes et les îles de Lérins, vous voyez au couchant les fiers profils de l'Estérel, aux pieds desquels se tapit coquettement le petit village de la Napoule. L'Estérel, montagne aux couleurs splendides, rouge, orangée, étincelante, ne porte pas un brin d'herbe; isolée comme une colonne gigantesque, on peut en faire le tour, car elle ne tient à aucune autre montagne ; entassement de roches plutoniques, cristallisées par le feu, fusée de basalte et de porphyre aux arêtes aiguës, sortie de l'écorce terrestre dans quelque commotion volcanique, ce colosse habillé de pourpre et d'or réfléchit les feux du soleil et brûle de ses flammes les tendres vapeurs azurées qui l'entourent. Fier de son aridité opulente et magnifique, il semble n'être là que pour fournir un point de vue féerique aux paradis terrestres échelonnés sur les coteaux par une fantaisie éternellement créatrice. Le château de Sainte-Ursule avec ses ogives sculptées et ses hautes tours à mâchicoulis portant les armes de Londesbourough, la villa Victoria, le château de Labocca, le château Sainte-Marguerite, la villa d'Ormesson, la villa Alba, sont des retraites sans égales au monde ; on y vit dans les fleurs et dans le ciel, et nulle part ailleurs il n'est plus facile d'oublier les nobles tourments et les salutaires agitations de la vie. Pourtant, je le répète, Cannes avec tous ses enchantements ne sera pas une autre Nice, parce que les palais de roses et de sculpture ne forment aucunement un tout avec la ville. Elle reste, malgré tant de splendeurs, une petite ville de province fort ordinaire, habitée par des provinciaux réels, qui prennent au sérieux leur cercle bourgeois et leur partie de dominos.

XVIII

A Nice, au contraire, la campagne est dans la ville et la ville dans la campagne ; les jardins de palmiers et d'orangers, écrasés de parfums et noyés de fleurs, étalent leur gloire au milieu des quartiers habités; les montagnes vêtues de verdure ou couronnées de neige ferment l'horizon des rues les plus fashionables. L'aristocratie de l'Europe n'a pas adopté seulement les campagnes, mais la ville elle-même, que rafraîchit par les plus beaux soleils une délicieuse brise de la mer; les fragiles équipages aux panneaux ver foncé, traînés par des coursiers de race, frôlent les buissons de roses et emportent dans leur galop rapide un éblouissement de parures, de dentelles et de nobles visages. Nice a des villas par luxe, mais elle est elle-même une villa démesurée, que baigne la mer amoureuse. On construit quand on veut, avec de bons architectes de palais et de jardins, et en donnant beaucoup d'or, le château de M. Sims ou celui de lord Brougham; mais les villes comme Nice maritime naissent d'elles-mêmes d'après des lois inconnues. Le charme qui les a créées les fait vivre, et il ne dépend de personne qu'un entassement de pierres arrive ainsi à se mêler et à se confondre avec les lys, les palmiers et les étoiles. A Nice, la cité et la nature s'entendent, elles ont fait un pacte secret; les maisons ne cachent ni les feuillages, ni la mer, ni le ciel ; tout cela se combine dans une proportion harmonieuse, aussi difficile à rencontrer que la pierre philosophale. Cannes est une conquête de l'art, une belle statue que le dur outil de fer a arrachée aux veines du marbre ; Nice est une déesse vivante et souriante sortie des flots d'écume sous un baiser du soleil. On vient passer l'hiver à Cannes et on s'en retourne, mais on vient à Nice pour une semaine et on y reste toute la vie. Combien en ai-je vu, de ces Parisiens qui avaient volé un mois de vacances pour rompre une affaire ou une passion et dont les cheveux ont blanchi sur le cours séculaire au pied du jardin Visconti ! Ainsi le roi Harald Harfagar restait dans les profondeurs de la mer, retenu par le charme et les incantations de l'ondine !

Les îles de Lérins, placées vis-à-vis de Cannes et couchées tout à plat sur les flots, attirent de toutes façons le poëte. Les plus jolies légendes se sont perpétuées dans leurs solitudes paisibles et ravies. Quand saint Honorat, fuyant le rocher de Sainte-Baume, vint chercher le recueillement dans l'île qui porte aujourd'hui son nom, elle était infestée de reptiles qui en défendaient l'approche. Le saint anachorète se réfugia sur un palmier, et de là invoqua le Seigneur tout-puissant. Aussitôt la mer, quittant son lit tranquille, submergea le sol et détruisit les animaux immondes. Que de fois, hélas! depuis l'an 410, la vertu, la sainteté, l'inspiration céleste, ont été de nouveau poursuivies par des troupes de serpents haineux, qui s'élancent sur leur proie et laissent dans la blessure un venin mortel! Je n'ai pas ouï dire qu'après saint Honorat aucun homme juste ait trouvé à point un flot d'azur qui vînt à son secours. C'est sans doute parce que cet événement se renouvelait dans des pays où il n'y a pas de palmier! Tandis que saint Honorat fondait le premier monastère des Gaules dans une des îles de Lérins, sa sœur sainte Marguerite habitait l'autre. Ainsi le frère et la sœur n'étaient séparés que par le bras de mer si étroit dont le flot murmure entre les deux îles; mais, voulant se dégager le plus possible de toute affection humaine pour vivre dans la contemplation du vrai bien, saint Honorat imposa à Marguerite la condition de venir le visiter seulement à l'époque où les cerisiers seraient en fleur. La sainte pria Dieu avec tant de ferveur et de confiance, que chaque mois les cerisiers donnèrent une floraison nouvelle, et ainsi Marguerite eut le bonheur d'embrasser bien souvent son frère sans rompre pour cela le vœu qu'ils avaient formé tous les deux. Il me semble que c'est là une histoire vraiment touchante et pleine de mille consolations; ne prouve-t-elle pas que Dieu voit d'un regard indulgent même nos désirs terrestres et ne dédaigne pas de les exaucer quelquefois? En tous cas, je me réjouis d'y croire naïvement.

J'ai fait le trajet des îles de Lérins sur le batelet *le Vengeur*, conduit par un patron nommé Rambaldi, dont le père fut un des derniers survivants du célèbre vaisseau *le Vengeur*. Rambaldi a été quatorze ans matelot dans la marine royale; il a fait le tour du monde, il a vu l'Afrique, la Grèce, la Crimée; il a servi sous les ordres de tous les amiraux illustres de ce temps; il a assisté à toutes nos grandes batailles navales, et maintenant il il joue avec la douce mer bleue du golfe de Cannes, qui frémit à peine sous le vent.

Après avoir risqué mille fois sa vie, après avoir combattu les hommes et les tempêtes, après avoir senti tant de fois des boulets ennemis frôler son visage, Rambaldi, assuré désormais contre la mitraille et les naufrages, n'a plus au monde qu'une prétention, celle de faire la bouillabaisse plus vite et mieux que personne. Alexandre Dumas et Méry n'étant venus à Cannes ni l'un ni l'autre, personne n'a contesté à Rambaldi sa royauté innocente, et l'aristocratie anglaise ne toucherait pas à une bouillabaisse qui ne fût fabriquée de sa main. Pour moi, j'avais résolu de m'égaler momentanément à un pair d'Angleterre en faisant dans l'île Saint-Honorat le déjeuner consacré, et, à cet effet, Rambaldi emportait dans sa barque une cargaison de poissons de roche. D'ailleurs, ce furent assurément des néréides amies et souriantes qui du bout de leurs doigts roses dirigeaient le petit navire! Ce *Vengeur* est charmant : peint en blanc pur, avec un bordage semé d'étoiles bleues, les coussins y abondent, comme chez un poëte. Une tente large et confortable, montée sur des tringles de fer, et faite avec un de ces élégants coutils à larges raies maïs et bleu foncé qui se vendent sur le boulevard des Italiens, abrite tout le bateau. Couchés sur les coussins, mes compagnons chantaient des chansons d'Alfred de Musset, qui sont à leur vraie place sur la mer céleste, et moi je fumais des cigarettes de tabac turc en regardant un décor admirable de calme et de grandeur, car, plus que nul autre, ce panorama justifie le gracieux mot de Fénelon : fait à souhait pour le plaisir des yeux! En face de nous je voyais Cannes penchée sur son golfe, et le mont-Chevalier, montagne fortifiée, dans le genre du Château de Nice, qui a dû jadis contenir toute la ville dans ses remparts. Au sommet du mont-Chevalier, une tour romaine à assises régulières et l'église Notre-Dame de l'Espérance coupaient vigoureusement le ciel.

A notre droite, la presqu'île de la Croisette, qui s'élance à mi-chemin de l'archipel de Lérins, la colline touffue de Vallauris, le golfe Jouan, où débarqua Napoléon, et la pointe de la Garoupe, forment les premiers plans d'un paysage fermé par les Alpes verdoyantes et lumineuses, au milieu desquelles les neiges blanches, azurées et argentées du col de Tende noyaient l'horizon de perles fusibles et d'opales enflammées. A notre gauche, c'était l'Estérel et ses pics empourprés aux pieds desquels s'accotaient la Napoule et son golfe, et, plus loin, le petit village de Théoule. Tout ce grandiose hémicycle s'ouvre sur une mer d'un bleu vif coupé par de longues bandes vert céladon sur lesquelles miroite la lumière. En retournant la tête de l'autre côté, nous regardions s'approcher les îles de Lérins, plates, allongées, souriantes, jetées là comme des Atlantides fortunées, et la traversée m'avait paru bien courte, quand notre batelet aborda enfin à l'île Sainte-Marguerite, dans une petite crique où l'eau tout à fait limpide laisse apercevoir une litière de varech et de zostère.

XIX

Le fort Sainte-Marguerite, situé à la pointe ouest de l'île, est maintenant devenu une caserne où nos soldats se promènent paisiblement sur les boulevards et les terrasses armées de canons fleuronnés du dix-septième siècle, où naguère encore brillaient les burnous blancs des prisonniers arabes. Les murs du fort sont d'un ton roux de rocher cuit par le soleil, mais toutes les constructions intérieures sont badigeonnées, peintes et numérotées selon la formule des bâtiments affectés au logement de nos soldats. En face de ces dortoirs symétriquement installés, on pourrait se croire dans n'importe quelle caserne des faubourgs de Paris, si partout alentour les lentisques et les aloès n'y dominaient le gazon touffu et les fleurs sauvages, et si les figuiers de Barbarie ne couraient en cordons allongés sur les pentes, comme un vivant rappel de l'Orient. C'est un jeune caporal qui nous guida complaisamment vers la prison du Masque de Fer. Arrêté avec lui dans le corridor antique et sombre, tandis qu'il essayait dans les serrures la clef géante forgée sous Louis XIII, je ne pouvais me défendre d'une indicible horreur. Des verrous cylindriques et gros comme un bras humain ferment la porte derrière laquelle se succédèrent si lentement les poignantes angoisses d'un martyr, et tous ces engins maintenant couverts de rouille s'ouvraient difficilement sous la main novice de notre conducteur. La porte céda enfin, et nous entrâmes dans cette chambre d'iniquité où chaque place du carreau sans doute a été lavée par une larme brûlante. Cette pièce est spacieuse, voûtée et éclairée par une seule fenêtre. Au temps où elle était habitée par le mystérieux captif, on n'y pénétrait que par les appartements du gouverneur, fermés par deux portes couvertes de clous et d'énormes barres de fer. Un petit autel placé au fond de la chambre et où un prêtre venait quelquefois dire la messe pour un assistant unique, une cellule habitée par le domestique du prisonnier, et un corridor étroit, sombre, muré à chaque extrémité, qui lui servait de lieu de promenade, étaient les seules dépendances du réduit désert où s'écoula en minutes longues comme des siècles l'épouvantable agonie de vingt années.

La fenêtre, creusée dans un mur qui a plus de douze pieds d'épaisseur, est garnie de trois grilles quadrillées et peintes en blanc, qui forment des carrés trop étroits pour permettre de croire raisonnablement à l'histoire du plat d'argent ramassé par un pêcheur. C'est tout au plus si une soucoupe passerait à travers ces mailles terribles, et il est facile de voir que les bourreaux avaient pensé à tout. La fenêtre est grande, je dirais presque trop grande, car elle permettait à la victime de Saint-Mars de voir à toute heure la nature dont elle était exilée, la Méditerranée caressante, les grandes montagnes du Var, majestueuses et fertiles, et toute une vaste étendue de ciel éclairée par un soleil d'or ou semée de blanches étoiles dont les feux bleus se reflétaient en traînées d'argent dans les eaux lumineuses et ravies.

Souvent, comme tout poëte, j'avais évoqué

devant moi la figure douloureuse de l'homme au Masque de Fer; souvent j'avais vu, roide, sinistre, courbé sous la main géante de Louis XIV, ce prince changé en statue de bronze, condamné à gémir avec une bouche immobile et à regarder la solitude avec des prunelles d'airain. Attaché, comme les victimes de Zeus, avec des chaînes de diamant, il ne savait rien des jours et des heures, et pourtant il les écoutait tomber avec un bruit sépulcral dans le sourd abîme du temps. Quelquefois peut-être il demandait jusques à quand il devrait souffrir ainsi, et une voix de geôlier stupidement cruel lui répondait : « Toujours ! » Sans doute il voyait passer devant lui, dans des rêves ironiques, la cour splendide, les jeunes femmes en habit de gala avec leurs colliers de grosses perles, et, sous les lambris d'or habités par les dieux de l'Olympe, le Roi, dieu lui-même, pareil à un Apollon courroucé, et laissant tomber avec un sourire la vie ou la mort sur les courtisans pâles de terreur. Sans doute aussi, par quelque nuit d'orage, le roi tout-puissant voyait approcher de son lit cet être sans nom, au visage de fer, qu'il avait livré au démon effrayant de la solitude, et sans doute alors le roi déchiré de remords et le triste fantôme de bronze échangeaient avec horreur des paroles dont s'épouvantaient les muses triomphantes de Versailles. Oui, bien des fois je me le suis représenté ainsi, courbé sur un siége qu'il ne songeait plus à changer de place, toujours regardant malgré lui les accidents et les fissures des murailles implacablement fixés dans sa mémoire, comprenant au retour obstiné des mêmes pensées combien le temps de son supplice avait été long, et cherchant à oublier, à s'absenter de lui-même; la fièvre, l'extase, le délire, avaient beau venir, toujours le souvenir, le patient, l'éternel souvenir, appuyait sur son crâne de fer les mêmes charbons ardents rougis au milieu des flammes infernales. Sur sa tempe glacée,

les secondes tombaient une à une comme des
gouttes de plomb fondu; il songeait à la mort,
et la mort lui apparaissait non pas comme un
calme repos, mais comme un songe brûlant et
vertigineux, et, ne pouvant même se figurer un
soulagement à ses maux, fou de désespoir et de
sommeil, il retournait à son immobilité de statue.

Telle se dressait devant moi cette sombre
image; mais, parmi les supplices qu'a épuisés
l'exilé de Sainte-Marguerite, je n'avais pas
compté celui-là, de voir les feuillages, la mer
bleue, les blanches voiles tendues, les oiseaux
lancés en plein ciel! Oh! cette terre de joie, ce
mouvant saphir, ces forêts tremblantes, les
voir, les voir sans cesse, et étouffer sous un
casque infâme; être l'énigme affreuse, le fantôme invisible, l'Homme au Masque de Fer!
Aux pieds de sa prison résonnaient comme aujourd'hui la chanson des pêcheurs et la flûte des
bergers, et lui, le cœur habité par les furies,
le front brisé par des tempêtes inconnues,

il regardait toujours, toujours, oh ! avec quelle jalousie, avec quelles haines, avec quelle lassitude amère et irritée, la Méditerranée indolente et lascive, la mer céleste qui n'a pas d'orages, lui, Prométhée humain, fouetté et déchiré par tant d'orages !

L'île, toute verte et fleurie, est comme un aimable théâtre d'églogue, dès qu'on a perdu de vue le donjon historique sur lequel la fatalité a posé sa griffe impérieuse. Des butomes ou joncs fleuris, toutes les graminées des prés, la flouve, le vulpin, la fétuque, la seille aux grappes de grelots d'améthyste sombre, cachent entièrement le sol du rivage. Des candélabres d'aneth virgilien et des ombelles de tanaisie, blanches comme une dissolution de saturne, s'élèvent au milieu des herbes ; plus loin croissent de grands bouquets de myrte et une ombreuse forêt de larix environnée de blé vert. Dans une prairie d'un vert vif d'émeraude, étendue devant un bois de pins, un jeune berger, au profil antique, faisait paître ses moutons en jouant sur sa flûte des airs que n'eussent pas dédaignés Ménalque ou Damète. Et le petit bois, plein de fraîcheur et d'ombre, semble en effet un lieu choisi pour les danses des nymphes et les disputes des poëtes; Méris y chanterait le cytise parfumé et Damon voudrait y essayer les chants du Ménale. Au sortir de cette oasis, et après avoir fait quelques pas encore, on arrive à une propriété fermée, appelée *le Jardin*, qui passe pour l'endroit le plus chaud de toute la Provence. Au milieu de cet enclos s'élève un bizarre édifice carré dont la destination est restée un problème, même pour M. Prosper Mérimée, qui pourtant sait contraindre les monuments à dire le fond de leur pensée. C'est près du *Jardin* que l'on traverse le canal étroit jeté entre Sainte-Marguerite et Saint-Honorat, et c'est là que nous attendait notre petit *Vengeur* aux étoiles bleues.

Quoique nous eussions grand'faim, il fallut

nous embarquer à jeun pour la seconde des
îles de Lérins ; il est de tradition de déjeuner
toujours à Saint-Honorat et jamais à Sainte-
Marguerite. Comme nous l'apprit le patron
Rambaldi, cela tient à ce que l'une est arrosée
par des sources d'excellente eau vive, tandis
que l'autre n'en a pas une goutte. Les admira-
bles citernes romaines qui la désaltèrent prou-
vent une fois de plus la puissance et la ténacité
du peuple-roi, mais elles ne donnent qu'une
eau saumâtre assez désagréable à boire ; cette
raison-là dispensait de toutes les autres. Une
source ! le mot seul, plein de ravissements,
semble faire couler par avance dans les veines
une fraîcheur délicieuse. L'étroit canal est
franchi en un tour de rames, et le premier
spectacle qui frappe les yeux quand on aborde
à Saint-Honorat, c'est un pré de farouch na-
carat d'un éclat aveuglant. Jamais on ne jeta
de plus riche tapis sur les parquets d'aucun
palais, et je comprends qu'au temps du saint

dont la prière était si agréable au ciel, celui-là, pourpre vivante et fleurie, ait pu être souvent foulé par les pieds des Anges.

XX

L'île de Saint-Honorat, qui, depuis les compagnons du pirate Léro, appartint tour à tour à tant de maîtres divers, cette île ennoblie par le séjour de tant de saints, dévastée si souvent par les Sarrasins et si souvent arrosée du sang des martyrs; cette île qui, depuis François Ier revenant de sa captivité d'Espagne jusqu'à M. le chevalier de Belle-Isle, a reçu tant d'illustres capitaines, devint, lors de la Révolution, une propriété nationale, et fut achetée par mademoiselle Blanche Alziary de Roquefort, qu'on nommait à la Comédie-Française mademoiselle Sainval. Des héritiers de mademoiselle Sainval l'île passa à M. Sicard, et de M. Sicard à M. Sims, dont les héritiers l'ont vendue à un ordre de franciscains venus de Vendée et qui servent d'instituteurs à une colonie de jeunes orphelins. Aussi ne retrouve-t-on pas ici la grâce sauvage de Sainte-Marguerite; partout s'accroissent les riches cultures, dont les travaux sont exécutés en silence par des adolescents dont les traits expriment la résignation et la douceur.

Un ou deux religieux en robe brune serrée par une corde passent au milieu d'eux, et du geste ou seulement du regard leur donnent une indication aussitôt comprise. Les visages pensifs de ces jeunes gens, leur application, leur douceur, ont un charme qui touche l'âme; privés du bonheur de la famille, ils donnent leurs soins à la terre, cette mère commune, et ils tournent leurs yeux vers le ciel, où nul ne sera orphelin. Parfois l'un d'entre eux laisse échapper un regret mélancolique en détruisant les belles fleurs pour semer à leur place le blé nourricier; il s'en console en songeant au séjour où il n'y aura pas de sillon, et où fleuriront à jamais dans leur gloire extatique les roses de feu et les lys de lumière. Quant à la fleur des champs dont la pourpre est déchirée par le soc de la charrue, n'a-t-elle pas vécu assez, puisqu'elle a eu sa minute pour proclamer le nom que répètent incessamment les sphères des cieux et les frémissantes floraisons des étoiles? Une maison moderne, où sont logés les jeunes colons, est adossée à une église romane en ruine, dont le transsept surmonté d'un mélèze est enseveli sous un énorme lierre.

Autour de ce temple aux voûtes effondrées, des tombes, des cippes de marbre, des morceaux de sculpture antique antérieurs à la période chétienne, sont jetés çà et là. Une porte moderne est flanquée d'une colonne en marbre rouge, avec la base et le chapiteau en marbre blanc. Sur la façade, un bas-relief qui date des premiers siècles du christianisme représente Jésus et les douze apôtres. Ce tableau élégant et naïf est divisé en sept compartiments par autant d'arcades. Chacune des divisions, excepté celle du milieu, occupée par la figure du Christ, contient deux personnages tenant des couronnes et se dirigeant vers le Maître. Au-dessus de ce bas-relief, un fragment païen, représentant un Génie, a été scellé dans la muraille. De nombreuses pierres de marbre montrent des inscriptions qui ont été souvent transcrites. Le lierre, les arbres, les rosiers, le silence, donnent à ces ruines un aspect paisible et joyeux. L'ancienne chambre d'école, transformée en réfectoire, grande pièce blanchie à la chaux, garnie de tables et de bancs en chêne luisant, et attenant à une cuisine propre et claire, fut mise à notre disposition avec une hospitalité parfaite. Cette chambre a un charme particulier, car on y goûte la fraîcheur et la tranquillité du cloître. Un long bénitier de marbre blanc jauni, orné de têtes d'anges ailées, était posé à terre et servait à rafraîchir le vin; mais ce sacrilége était si bien commis naïvement et sans songer à mal, que les véritables anges doivent nous pardonner là-haut. C'est là qu'il nous fut donné de manger, avec un appétit de Parisiens révoltés, sur une nappe de couvent blanche comme la neige, le plat idéal auprès duquel l'ambroisie n'est rien, la fameuse bouillabaisse exécutée par le patron Rambaldi en dix minutes, montre à la main.

Je ne puis résister au désir de transcrire ici la recette de ce chef-d'œuvre et d'offrir ainsi à la race future un trésor inappréciable; d'ailleurs, n'est-ce pas là pour moi un moyen tout trouvé de nager en plein sublime? car une bouillabaisse réussie vaut un sonnet sans défaut! Vous devrez commencer par vous procurer tous les poissons de roche, du saint-pierre, de la rascasse, du merlan, du rouget, des sardines fraîches, de petites anguilles, de petites langoustes. Une fois le poisson lavé, préparé et coupé par morceaux, vous remplissez au tiers une marmite de terre avec d'excellente huile d'olive mélangée d'un quart d'eau. Avec d'excellente huile! car ici la qualité médiocre serait un crime. Vous mettez le poisson dans l'huile, et vous l'y tournez en agitant la marmite, afin qu'il s'imbibe et prenne bien le goût d'olive. Vous ajoutez tour à tour du sel, du poivre, des quatre épices en grande quantité, du safran, de l'oignon, de l'ail, trois tranches de carottes, trois tranches de pommes de terre, du persil, un brin de céleri, un zeste de citron, un zeste d'orange, du thym et du laurier, toujours en tournant le tout; puis vous installez votre marmite sur un feu bien ardent, et vous laissez bouillir pendant dix minutes, pas plus, pas moins. Transvasez dans une soupière une partie du bouillon, dans lequel vous coupez des tranches de pain : la bouillabaisse est faite ; la bouillabaisse, c'est-à-dire un plat aussi supérieur à l'étuvée que l'orange d'or est supérieure à une pomme verte! Le poisson doit être servi à part, et sa belle couleur de safran est merveilleusement relevée par le ton des petites langoustes vêtues d'écarlate. Maintenant, je veux être sincère, ceci ne peut pas vous en apprendre plus que la *Cuisinière bourgeoise* ou l'*Art poétique;* la recette n'est rien si l'on n'a pas de génie. Mais quel *Sésame, ouvre-toi,* entre les mains d'un cuisinier inspiré! Pour moi, qui suis presque un profane en ces matières, je n'ose insister plus longtemps sur l'excellence d'un plat dont les délicates saveurs eussent emporté Brillat-Savarin dans le septième ciel, et je reviens humblement à mon paysage.

Dans le jardin, une humble chapelle renferme un saint Honorat de bois d'une tournure mérovingienne, avec la mitre basse, comme dans les portraits de saint Éloi. De là, un chemin de daphnés, de lauréoles, de rosiers dont la sève tourne en fleurs et oublie de faire des feuilles, conduit à une forteresse à mâchicoulis habitée jadis par des moines, dont les pierres dorées, brûlées et recuites par les soleils feraient le bonheur de Fromentin ou de Decamps. A gauche de la forteresse, se dresse un palmier-dattier aux frondes dressées comme des plumes d'aras, celui-là même sur lequel saint Honorat échappa aux reptiles, du temps que les bêtes ne parlaient pas encore. On ne se lasse pas de regarder ces pierres dont le ton chaud de bitume, pour ainsi dire lumineux et rayonnant par lui-même, se marie si glorieusement avec la mer, avec la verdure sauvage, avec le ciel. Après avoir passé le fossé écarlate de coquelicots, on entre dans un cloître placé au centre du donjon. Quatre galeries superposées, aux ogives mal ouvertes, indiquant la transition du roman au gothique, entourent une petite cour carrée, à balustrades et à arceaux lombards, et s'appuient sur des colonnes frustes, quelques-unes en granit noir ou en marbre rouge, d'autres blanches, à huit tailloirs. Un puits où brille une eau limpide aux reflets d'argent est situé au centre de la cour. Un escalier suspendu à une vis d'une légèreté aérienne conduit aux galeries et à une foule de chambres, dont quelques-unes sont décorées dans le goût de la Renaissance. Les corridors secrets, les souterrains, les escaliers dérobés, les oubliettes, abondent dans ce monastère guerrier : mais il n'y a pas moyen d'évoquer au milieu de ces ruines, même les nonnes de *Robert le Diable*, car la folle végétation de la Provence jette parmi ces vieilles pierres une gaieté débordante, et les rampes brisées de la forteresse sont tendues de mathéoles et de violiers qui les couvrent d'une draperie magnifique. De la plate-forme, on découvre un tableau immense dont l'éclat incandescent arrive à la sérénité à force d'harmonie : les cimes neigeuses des Alpes, dont la base, cachée dans la vapeur, est invisible, et qui semblent des pays d'argent suspendus dans le ciel; la mer, avec ses flaques de lapis-lazuli et de vert-céladon, et l'Estérel, l'Estérel splendide et nu, avec ses déchiquetures de cristal. La terre de Saint-Honorat a été sainte, guerrière, martyre, héroïque; aujourd'hui, elle possède le calme des bienheureux, et, dans une extase qui ne finit pas, regarde les infinis d'azur, mollement couchée dans son manteau de verdure et de fleurs.

Pourtant il fallut quitter cette île charmante où le berger de Théocrite pourrait murmurer son Oaristys; dès que nous voyons autour de nous le calme, la paix, le bonheur, le silence mélodieux et pur des déserts agrestes, quelque chose nous dit que notre patrie est ailleurs, dans les endroits où retentit le tumulte sacré des luttes divines et humaines. *Le Vengeur* avait déployé sa jolie voile de toile bise, le patron était au gouvernail et nous avertissait de profiter du vent propice; la mer glacée de feux, nappe changeante de bleu céleste et de vert tendre, nous appelait tout bas avec une familiarité délicieuse, et, d'ailleurs, je n'avais pas encore accompli tous mes devoirs de passant dans le pays qu'immortalisent à jamais le Cannet et le golfe Jouan. Avant de quitter Cannes, je voulais voir ce modeste village où s'est éteinte à trente-sept ans, dévorée par son génie, la dernière muse qui ait fait résonner sur notre scène la voix des lyres et des clairons épiques, âme fragile débordée par l'inspiration farouche de Racine, dernière fille d'Orphée qui ait fait pleurer les rochers et attendri les arbres, malgré le bruit que faisaient autour d'elle les piles d'or qu'on remue et l'assourdissant refrain de la chanson de Marco. Et surtout, dans le petit chemin encaissé d'oliviers, d'orangers et de cyprès qui conduit de la plage à la route, je voulais me recueillir pieusement devant cet olivier double, dans l'enfourchure duquel Napoléon s'est assis pour dicter un ordre, alors qu'il revenait, guidé, comme Jeanne d'Arc, par la grande pitié que c'était au royaume de France, et que, pensif, il jetait sur son pays abattu ce calme regard qui faisait lever devant lui les Anges guerriers et le groupe étincelant des Victoires.

2 juin 1860.

XXI

Derrière Cannes, et à trois quarts d'heure de marche environ, on trouve le village du Cannet, devenu un lieu historique. On sait que l'hôte de mademoiselle Rachel se nomme Sardou; ce nom aussi est destiné à ne pas périr, puisque les circonstances l'ont associé aux dernières heures d'un trépas fameux. Mon bonheur de paresseux a voulu que M. Sardou ne se trouvât pas chez lui quand j'ai visité sa maison du Cannet, et de la sorte j'ai pu interroger les arbres et les pierres elles-mêmes sans que leur voix fût gênée par le bruit d'un récit quelconque. Un chemin bordé par un ravin où se plaignent des eaux bruyantes, et obscurci par de grands arbres au feuillage noir, conduit à une entrée du jardin de l'habitation. Il est solitaire, silencieux et plein d'horreur tragique. Le jardin, où abondent les oliviers et les orangers, gravit une colline un peu brûlée par le soleil et dont le terrain a des nuances vaguement sanglantes. Aussi la maison est-elle très-entourée d'arbres, car il a fallu l'abriter contre les sauvages ardeurs d'un soleil implacable. Elle se compose de deux tourelles, reliées par un corps de bâtiment au milieu duquel une fontaine de rocailles noircies laisse tomber des ondes sinistres que ne traverse pas la lumière. Dans la partie du jardin qui est située derrière la maison, d'autres architectures rustiques, des arcades de rocailles entourées de feuillages et devant lesquelles murmure un jet d'eau orné de mièvres fleurs, empruntent aussi une grande tristesse au demi-jour qui les enveloppe. Ce jardin torturé, où la nature a été opprimée en faveur du pittoresque voulu, comme dans un petit Versailles, désole particulièrement le regard, qui voudrait y trouver la simplicité et la grandeur d'une campagne tranquille.

Mais, comme la poésie des événements ne perd jamais ses droits quoi qu'il arrive, il se trouve en somme que ce décor en plein air et ce paysage artificiel parviennent, à force d'ironie, à représenter fidèlement le poëme funèbre qui s'est déroulé dans leur solitude. Ces portiques, ces arceaux de faux rochers, ces constructions neuves grimées en vieilles tourelles, répandent l'indicible angoisse que crée la vue d'un théâtre pendant les heures de soleil. On sent parmi leurs ornements affectés et frivoles la cruelle logique du destin, qui a fait mourir la tragédienne dans une nature imitée, entre des roches étagées comme des coulisses, au murmure d'une eau de théâtre ! Tant il est vrai que le démon de l'art dramatique ne vous fait plus grâce une fois qu'il a posé sur vous sa griffe adorée ! Tous tant qu'ils sont, les prêtres, les servants, les poëtes de ce dieu jaloux sont voués à jamais au carton, à la toile peinte, aux roses figurées et aux étoiles de papier d'argent ! Ils ont beau vouloir se retremper dans la nature bienfaisante, le décor monte en croupe avec eux et galope inévitablement à leur suite ; ils sont tous semblables à ce prince de Gœthe pour lequel on emporte partout dans des malles une nature sculptée et peinte, et qui s'endort sur des gazons de laine à l'abri de feuillages en sapin frisé ! Quand Phèdre pousse son sublime cri :

Dieux ! que ne suis-je assise à l'ombre des forêts !

pour le châtelain en excursion qui traverse Paris, ce n'est que l'élan de voluptueuse fureur de la victime vouée à Vénus; pour le Parisien qui assiste aux angoisses et aux martyres de la comédie, c'est quelque chose de plus effrayant; car depuis deux siècles qu'elle se débat sous la colère du dieu tragique, dans une ville étouffée entre des murailles de pierre, elle aspire, en effet, à une heure de repos sous les feuillages murmurants, parmi les chemins envahis par l'herbe, et elle voudrait s'asseoir en silence au bruit des sources froides. Hélas! Phèdre n'aura pas eu cette consolation suprême; de l'or comme au roi Midas, du laurier comme à Phébus amoureux, voilà ce que peut lui offrir son art jaloux; mais les bois, les retraites, les fontaines, il faut qu'elle les rêve jusqu'à la mort avec une sombre douleur; il ne lui a pas été donné de contempler seulement une heure le spectacle dont la fille des champs pourra jouir dédaigneusement toute sa vie. Paris et le théâtre sont deux maîtres qui ne pardonnent pas; leur esprit transforme à jamais tout ce qui nous entoure et supprime pour nous la création vivante. J'en demande humblement pardon à M. Sardou, qui a certainement bien le droit d'aimer les architectures de jardin et les cascades factices ; mais je n'ai pas pu me défendre d'une pitié profonde en apprenant que la dernière fille de Racine a gémi ses derniers sanglots non pas dans une forêt réelle, mais devant une toile de fond ; non pas au pied du sycomore où était assise la pauvre âme dont les pleurs amollissaient les durs rochers, mais entre deux coulisses ! Oh ! qu'elles étaient tristes, ces rocailles déjà usées comme celles des palais, où coulait une eau dont on peut arrêter les pleurs hypocrites en tournant je ne sais quel robinet de cuivre, mal dissimulé sous les touffes de lierre !

Comme nous gravissions l'escalier de la tourelle pour arriver à la chambre de l'illustre morte, la jeune femme qui, en l'absence du maître, voulait bien nous faire les honneurs de la maison, nous apprit que cette chambre n'existait plus, ou du moins qu'elle venait d'être complétement transformée. Je rendrais difficilement l'impression pénible excitée en nous par cette nouvelle, qui nous était annoncée ainsi négligemment et par hasard. Comment l'homme pour qui la mémoire de Rachel est un culte et qui a entouré de soins touchants ses heures d'agonie a-t-il pu se résoudre à un pareil sacrilége? Comment a-t-il pu détruire le sanctuaire où chaque détail de la tenture, chaque feuille du parquet, chaque angle de la muraille, devait lui garder un trésor de souvenirs? Le poëte, lui, ne se plaindra pas de cette mutilation, car plus les objets matériels lui échappent, mieux il voit avec les yeux de l'âme. Le dirai-je, après que le premier moment de surprise fut passé, j'éprouvais comme une sorte de joie amère à savoir que la chambre avait été bouleversée par les maçons, et qu'ainsi *je la verrais* dans sa complète réalité poétique, sans être gêné par l'attitude de tel objet que l'on aurait sottement rangé ou changé de place. Un seul rayon de soleil, égaré là où il n'avait pas l'habitude de s'épanouir, une étoffe stupidement drapée par des mains marcenaires, une place, naguère poudreuse, essuyée par le plumeau d'une servante, suffisent à détruire la physionomie des lieux sacrés où une créature auguste a laissé l'empreinte de sa vie. Au contraire, quand tout est détruit, tout renaît avec une intensité poignante ; les tentures, les murailles, la coloration des objets, la lumière qui leur donnait une individualité propre, tout s'éveille à la fois, et le tableau se reconstitue avec son caractère de vérité minutieuse et durable.

En élevant une cloison entre les deux fenêtres qui donnent sur le jardin du côté de la façade, on a divisé en deux pièces la chambre de Rachel. Des papiers peints qui imitent des boiseries, avec des bordures de papier peint qui imitent des sculptures, le tout luisant et verni, donnent par bonheur à ces deux pièces un aspect si banal, que l'intuition ne peut être contrariée par une telle ornementation bourgeoise. Non, ces vulgaires murailles n'empêchent pas de deviner l'austère cellule où, pâle, dévorée par les flammes intérieures, plus belle cent fois qu'au jour de ses triomphes, Rachel penchait sa jeune tête courbée sous le poids des lauriers, et parfois, dans une ardente révolte, relevait vivement ses yeux vers le ciel pour lui demander compte de tant de génie et de tant de gloire condamnés ainsi à mourir ! Devant ces fenêtres où elle respirait avec avidité un air brûlant, il n'y a pas de vue; le feuillage bleu des oliviers intercepte l'horizon. On s'est étonné que la grande artiste ait choisi une retraite d'où elle ne pouvait apercevoir ni les montagnes, ni la mer, ni les grands paysages noyés d'une lumière étincelante. Moi, je le comprends, et je l'aurais deviné ; pour elle, le Cannet, avec ses haleines de parfums, n'était pas un repos, mais un exil : son esprit était encore au théâtre, sur les planches qu'avaient balayées ses broderies d'or et sa robe de pourpre.

XXII

Ce qu'elle voulait voir quand ses yeux fixes déchiraient l'étendue, ce n'étaient pas les golfes d'azur, les orangers en fleur et les rouges cristaux de l'Estérel ; c'était cette salle incendiée, ruisselante de fleurs et de pierreries, où elle avait dominé un peuple immense ; c'était ce palais d'Atrée où, fatale, brisée, menaçante, elle incarnait une héroïne farouche et colossale, portant, comme les dieux, dans sa poitrine déchirée, tout un monde effroyable de crimes et d'incestes. Elle se revoyait parée avec les tuniques éclatantes des âges fabuleux, courbant la tête sous l'inspiration qui dressait ses cheveux comme des vipères, tandis que ses prunelles, ces soleils noirs, jetaient des flammes. Immobile dans une attitude héroïque, elle parlait encore le mélodieux langage de Racine ; elle récitait d'une voix pieuse ces grands vers qui jaillissent comme un flot sonore, et à sa voix les Olympiens implacables s'épouvantaient de leur propre cruauté, et le bruit de sa sandale d'airain éveillait jusque dans le Tartare les gémissements des abîmes et de la nuit. La fatalité l'emportait, la passion inexorable l'entraînait de douleur en douleur et de crime en crime, puis enfin lui tendait la coupe de poison ; et, lorsque Phèdre tombait foudroyée par

Vénus, lorsque l'actrice se réveillait sous la pluie et sous l'avalanche de fleurs, extasiée, ivre de création et d'orgueil triomphal, mais meurtrie et saignante, ses amis se parlaient tout bas entre eux et essuyaient des larmes furtives en comptant sur son visage de marbre les morsures de la muse acharnée à sa proie. Trois mille spectateurs s'en allaient transfigurés ; au sortir de ces heures de fièvre, ils emportaient en eux le rafraîchissement de la poésie, et Rachel emportait la mort. Ces soirées où elle s'était donnée elle-même en holocauste, ces efforts inouïs, ces luttes géantes, ces transports, ces fleurs, l'ivresse d'une foule suspendue à ses lèvres, voilà ce qu'elle contemplait immobile à sa fenêtre du Cannet, quand son regard impérieux semblait vouloir éteindre le feu des étoiles. Et ce qu'elle se disait, nous nous le disions aussi dans son Paris qu'elle avait si longtemps sauvé de la parodie et de l'art vulgaire : c'est que, dans la douloureuse agonie qui s'apprêtait, ce n'était pas seulement Rachel qui allait mourir, mais Électre et Iphigénie, la race d'Agamemnon et celle d'Achille, et toute l'antiquité éclairée par la figure sidérale de la blonde Hélène.

Rachel morte, c'était le désert sans ombre dans la campagne de Mycenes et d'Argos, c'était la charrue passée sur les verdures de Tempé et sur les neiges du Taygète, c'était le gibet des suppliciés installé dans l'île de Cythère, c'étaient les lauriers-roses arrachés au bord de l'Eurotas et les cygnes égorgés sur les eaux du Caystre! Et c'était la mort même de ces dieux faits à l'image de l'homme, conscience visible de sa bravoure et de son génie, seuls gardiens légitimes du glaive et de la lyre jusqu'à travers les âges troublés par le bruit de l'or qui tombe dans l'or! Oui, c'étaient eux qui exhalaient sur le Cannet leurs âmes ambrosiennes, emportant aussi le souffle des derniers poëtes, et, comme Électre, les Muses désormais muettes s'apprêtaient à déposer sur un tombeau leurs blondes chevelures tranchées par le fer et arrosées de pleurs. Aujourd'hui la voix de Racine s'est tue ; son théâtre, animé par les murmures de la mer azurée et éclairé par le rouge soleil de l'Orient, n'est plus qu'un livre muet chaque jour insulté par la sottise envieuse ; et elle ne retentira plus jamais, jamais, la voix de bronze et d'or qui pouvait faire parler les jalouses fureurs de Roxane et les plaintes adorables de Bérénice !

J'ai vu dans un coin d'escalier le lit sur lequel mademoiselle Rachel est morte. C'est un de ces lits de forme Louis XV, à ornementation commune, dont le fer est coloré à l'aide d'une peinture métallique dont le ton rappelle mal celui du bronze florentin. Avant que la chambre de la grande tragédienne eût été dénaturée, elle contenait une alcôve un peu sombre, dans laquelle on pouvait entrer par un couloir extérieur. Aux heures suprêmes, le lit avait été tiré hors de l'alcôve et avancé au milieu de la chambre, afin que la mourante pût trouver un peu d'air et de soleil. Elle était couchée, blanche déjà comme l'albâtre des tombeaux, et, par le hasard de quelque prescription médicale, entièrement vêtue de flanelle rouge, souvenir providentiel de la royale pourpre qu'elle avait tant portée et si fièrement. Comme elle avait tout à fait perdu connaissance, les prêtres entrèrent dans l'alcôve restée vide et entonnèrent les chants funèbres. C'est à ces accents que s'éveilla pour la dernière fois la pâle victime, résignée, voyant déjà le ciel, et laissant sa grande âme s'enfuir sur les ailes de la musique sacrée. L'habile photographe du roi de Sardaigne, M. Crette, a bien voulu me communiquer la douloureuse image qui rappelle Rachel morte et me permettre de toucher l'unique et précieuse épreuve qu'il possède. Sur le noble visage la dernière lutte a laissé de terribles traces, et pourtant l'esprit y retrouve tout entière cette beauté vive et profonde de mademoiselle Rachel, qui fut la beauté même de la poésie, pure, ineffaçable, marquée d'un caractère surhumain, et irrésistiblement éclairée par les flammes intérieures. Exécutée dans la chambre presque entièrement privée de lumière, à force de patience et de volonté, à l'aide de miroirs dont on dirigeait le reflet, cette fuyante image est tout un poëme que l'imagination peut commenter en de longues et poignantes rêveries. Déjà le Dieu d'Esther a donné à celle qui fut Hermione la douceur et la joie ineffable qui s'éveillent dans la mort; la voici à jamais sereine, et tout son génie, jadis troublé par tant de luttes, se transforme en un immense amour pour s'élever à tire-d'aile vers le chant des harpes célestes.

J'avais donc *vu* ce que j'étais venu chercher au Cannet, et j'aurais voulu partir sans rien visiter de plus; mais je dus me montrer conciliant pour satisfaire mes compagnons de voyage.

Sur le palier où nous étions, on nous ouvrit la porte d'une chambre aux murs blancs, uniquement décorée de sculptures. Le lit même, fait en forme de bateau, est en plâtre stuqué, et son chevet est engagé dans la muraille. Au-dessus du chevet, des rinceaux appliqués sur le mur encadrent des moulages de têtes antiques, et l'autre extrémité du lit supporte la réduction Collas de la Polymnie, en plâtre. Au-dessus de la cheminée également, d'autres rinceaux encadrent d'autres têtes antiques, notamment celle de la Vénus de Milo. Cette froide chambre, ornée de plâtres connus dans le commerce, veut être grecque à tout prix, et, pour le touriste philistin qui colporte des itinéraires, doit certainement rappeler une Rachel de convention beaucoup mieux que le réduit où vit réellement le souvenir de Rachel. Un de nos amis, atteint de scepticisme incurable, assurait que ce cabinet de Barbe-Bleue, où sont pendues les Vénus et les Niobides, sera un jour montré aux voyageurs comme ayant été la chambre de Rachel. C'est prévoir les malheurs d'un peu loin, et, comme en tout cas les vandales qui doivent commettre ce crime ne sont pas nés, il n'est pas encore temps de leur adresser des reproches. Le salon de la villa Sardou, longue galerie à deux expositions, est une sorte de temple élevé aux arts et à la littérature. La cheminée seule est un monument qui mériterait d'inspirer un poëme descriptif. Elle est creusée dans le tronc d'un arbre immense, sculpté en plâtre, arbre dont les rameaux, reliés par des vitres bleues qui représentent, je crois, le ciel, embrassent tout un côté du salon. Des deux côtés de la cheminée, des rochers portent écrits les noms de quelques grands hommes dont s'honore l'humanité. D'autres grands hommes représentés en médaillons forment la frise de la galerie, et, au-dessous de chaque portrait, un panneau d'attributs peints en grisaille se rapporte à l'effigie qui le surmonte, de sorte que, par exemple, les trophées de la chimie se trouvent figurés sous le médaillon de Lavoisier, et ceux de la comédie sous celui de Molière. Saint-Simon et Fourier sont placés à côté des poëtes dans ce Panthéon, où sans doute mademoiselle Rachel s'est souvent recueillie pendant de longues heures, s'étonnant, peut-être à juste titre, de retrouver fatalement sous le ciel de Cannes quelque chose comme le foyer de la Comédie-Française complété dans un sens plus éclectique, et de ne pouvoir décidément échapper, même dans l'insoucieuse Provence, aux puérilités d'une mise en scène théâtrale.

On ne part pas de Cannes dans la soirée, et force me fut d'attendre au lendemain cinq heures du matin. A neuf heures, j'avais vu Antibes avec ses fortifications brûlées par le soleil, presque assiégées par le gazon et les fleurs agrestes; Cagne et son château perché sur la montagne, puis cette charmante petite rivière froide et sombre qui s'enfuit vers une voûte de feuillages. J'étais à Nice, et je trouvais chez moi la lettre si aimable que voici :

« Mon cher Banville, Alexandre Dumas déjeune ce matin à la ferme à onze heures et demie. Donc nous vous attendons à onze heures et quart. J'ai invité les comédiens français des deux troupes à venir le saluer cordialement en corps à une heure, et j'ai écrit à Mademoiselle Daubrun, dont la visite le flattera très-particulièrement.

« Tout à vous,

« Alphonse Karr. »

XXIII

Je m'empressai de courir à la ferme Saint-Étienne, où je vis le couvert mis dans la plus belle salle à manger qui soit au monde, c'est-à-dire sous une tonnelle de rosiers qui jette devant la maison une ombre épaisse. Fait de fleurs jaunes, pourpres, écarlates, blanches comme la neige, rose vif et rose chair, cet immense plafond d'une fabuleuse richesse intercepte le soleil en laissant passer la brise odorante, et par petites places seulement montre l'adorable azur.

Sur la blanche nappe damassée, le reflet des fleurs jetait des rayons roses, et sur les angles des cristaux étincelaient des diamants de flamme. Deux énormes vases de Chine écrasés sous des montagnes de fleurs étaient posés aux extrémités de la table, et, pour entrer dans ce salon de féerie, il fallait écarter de longues branches couvertes de roses qui, pareilles à des reines, laissaient traîner sur le sable leurs parures éblouissantes et dédaigneuses. Je trouvai réunis Alphonse Karr, le baron de Bazancourt et le savant docteur Lubansky, tous les trois impatients de serrer la main prodigue qui, pareille à celle d'un dieu, laisse tomber sans les compter d'innombrables et vivants chefs-d'œuvre. En attendant l'arrivée d'Alexandre Dumas, on me mit au courant de sa spirituelle entreprise. Comme l'ont fait avant lui tant d'illustres lords d'Angleterre, le poëte d'*Antony* a rompu avec la terre ferme ; il habite un yacht de légende aux voiles de pourpre et aux cordages d'argent, et il y vit entre la mer et les étoiles. Avec lui sont des peintres, des poëtes, des musiciens ; ils vont voir la Sicile, la Grèce, l'Asie Mineure, bien d'autres pays peut-être; ils iront chercher les retraites inconnues des fées et la source des fleuves, s'arrêtant parfois quelques heures dans un port ou dans une ville pour s'y approvisionner d'eau douce et de beaux récits, ou pour échanger un salut fraternel avec les hommes de génie éparpillés sur la surface de ce pauvre monde. Le reste du temps, ils écoutent chanter la mer mélodieuse ; ils dorment dans les rayons sous les yeux enflammés des astres, ils surprennent des secrets inconnus de couleur et de rhythme ; volontairement exilés hors de la foule, c'est pour elle cependant qu'ils travaillent, et, dans le silence de la contemplation active et féconde, ils lui préparent des admirations durables. Comme on me disait ce conte fait pour m'enchanter, la grande porte du jardin s'ouvrit et laissa passer deux calèches; j'aperçus Alexandre Dumas, gai, souriant, vêtu de toile blanche, puis tout son état-major de jeunes amis armés pour la conquête, puis avec eux M. Crette, et, surprise inattendue, mon excellent camarade Gustave le Gray, cet audacieux photographe qui sait fixer en une seconde les caprices et les colères de la mer fugitive. Que d'embrassements et de poignées de main! Nous ne nous lassions pas de causer de Paris, que nous adorons tous en le fuyant, et surtout les jeunes peintres parisiens, affolés par la forêt de roses qui les enveloppait de toutes parts, ne pouvaient en croire leurs yeux et restaient muets devant cette débauche de pourpre et de rose. Volontiers ils se seraient écriés, comme lady Macbeth, en parlant de la nature immortelle : « Qui donc eût pu croire que ce vieillard avait tant de sang dans les veines? » Devant le jardin de Saint-Étienne, fabuleuse palette aux splendeurs écrasantes, dont les *rouges* brûlent la lumière d'or, les plus raisonnables déclaraient Delacroix gris, et Diaz timide; et la nuit était si épaisse sous les buissons de rosiers, qu'un rossignol y chantait à onze heures du matin son cantique sonore, avec des fureurs de joie et d'amour.

Le déjeuner dans la maison de fleurs fut une heure des *Mille et une Nuits*. Il y avait là de jeunes femmes belles et gracieuses, des princesses portant les plus grands noms de la Russie, et les deux rois du festin, l'amphitryon et le voyageur, étaient tous les deux comme cette princesse qui en parlant laisse tomber de ses lèvres des rubis, des perles et des émeraudes. En écoutant causer l'homme des *Impressions de voyage*, on croit facilement qu'il se promène depuis le commencement des âges à travers le monde, et qu'avant de demeurer sur son yacht cosmopolite il a vogué vers la Colchide sur le vaisseau d'Argus, en compagnie d'Hercule, de Jason, de Pollux, de Méléagre, d'Astérion et d'Orphée. Aujourd'hui encore il va à la recherche d'une nouvelle Toison d'or, gardée par quelque dragon inconnu ; il poursuit à travers les pays inexplorés le poétique idéal que l'auteur des *Guêpes* attend dans son jardin, et tous les deux le rencontreront à coup sûr. Selon le programme fidèlement suivi, les troupes des deux théâtres vinrent s'incliner respectueusement devant le père de *Monte-Cristo* et des *Mousquetaires*, et en cinq minutes les comédiens et le poëte étaient de vieilles connaissances. Partout où passe le tombereau de Thespis, partout où on a étendu une planche sur deux tonneaux pour y réciter de la prose ou des vers et pour y simuler une action humaine, Alexandre Dumas est chez lui, car depuis trente ans sa main dirige les fils de la comédie qui tient l'Europe attentive. Les acteurs le remerciaient de leur avoir écrit de si beaux rôles ; il les remerciait, lui, d'avoir donné à ses poëmes leur jeunesse, leur enthousiasme, leurs rêves les plus vaillants, et d'avoir si souvent bravé la misère et l'imprévu pour avoir le droit de s'appeler pendant une heure d'Artagnan ou la Môle.

Le cliquot, le pâle aï, petillaient dans les verres, et ce n'était pas un spectacle sans intérêt de voir ces princesses, ces jeunes gens, ces grands hommes, ces comédiennes de seize ans aux blondes chevelures, choquant leurs verres et écoutant religieusement un toast porté par Alphonse Karr, le philosophe qui sait si bien rire, et qui à ce moment-là essuyait une larme.

Le comique de la situation consista en ceci que les convives voulurent absolument emporter leurs verres, sur lesquels Alexandre Dumas, passé à l'état de graveur, écrivit ses initiales avec un diamant. Or, comme le jardinier de Nice ne possède pas un service de cristaux assez complet pour étancher la soif de cent personnes, il se trouva que ses verres, désormais historiques, avaient été empruntés à un voisin de campagne, et que l'idée pieuse des comédiens dut mettre leur hôte dans le plus grand embarras. Ces admirateurs d'un génie infatigablement fécond ne savent pas qu'ils possèdent non-seulement des verres consacrés, mais des verres volés, et que la justice peut leur réclamer d'un moment à l'autre ces talismans précieux. Alphonse Karr s'en sera sans doute tiré en offrant à la femme de son voisin un cachemire de l'Inde, ou quelque parure signée Janisset ; mais ici, comme toujours, j'admire la bizarre destinée de Scapin et de Mascarille, qui les condamne résolûment à acquérir des propriétés par une voie irrégulière. Cependant Crette et Gustave le Gray nous priaient de faire face à leur appareil photographique, et, au moment où je vous écris, j'ai sous les yeux leur merveilleuse miniature, qui est grande comme une lettre ordinaire et qui contient cent portraits d'une ressemblance saisissante.

Personne n'a été oublié, pas même les servantes avec leur costume niçois à poitrail écarlate, pas même le petit chien de la maison, que cette adorable enfant belle comme une petite

Mignon, mademoiselle Jeanne Karr, flatte de la main avec le plus grand sérieux du monde. Le soleil de Nice est aussi bon peintre que bon fleuriste, et il s'entend à reproduire les physionomies tout aussi bien qu'à varier les innombrables aspects de la mer d'azur, qui chaque matin montre une robe d'un bleu nouveau, de myosotis, de bluet, de lapis-lazuli ou d'outremer, semée de diamants et follement brodée de blanches écumes. Aussi les grandes dames russes ne quittent-elles pas Nice sans emballer une cargaison d'albums photographiques reproduisant minutieusement toutes leurs toilettes de l'hiver, et elles profitent de cette occasion pour emporter à Saint-Pétersbourg un peu de soleil fixé et de vraie lumière. Ces chaudes images les réconfortent en leur rappelant qu'il y a un pays où le noir janvier est le mois des bosquets fleuris et des oranges mûres.

XXIV

Comme il va sans dire, tout le monde désirait visiter le yacht ; on se donna rendez-vous une heure plus tard à bord du navire, et tout le monde fut exact. Les bateliers ne se sentaient pas de joie ; jamais ils n'avaient conduit en une seule fois tant de belles dames, et ils se demandaient entre eux qui pouvait être le riche patron dont on assiégeait ainsi le bâtiment, et qui avait promis de payer toutes les dépenses de bateau. Quand j'arrivai à bord, le pont, le salon, le boudoir particulier d'Alexandre Dumas, étaient encombrés de monde, comme le boulevard des Italiens un jour de grande fête.

Partout c'étaient des robes blanches ornées de riches broderies, des cachemires sans prix, de petites mains gantées de Suède qui tenaient des ombrelles sculptées valant une fortune. Le cadre valait le tableau, et réciproquement ; le yacht d'Alexandre Dumas est un bijou à mettre sur une étagère : le courbari, le palissandre, les bois des îles les plus précieux, y sont prodigués ; le pont est blanc et lisse comme une pièce de satin déroulée à terre ; des satins brodés, russes et asiatiques, couvrent les bancs exposés à la pluie ; des sacs faits d'étoffes précieuses et contenant les meilleurs tabacs turcs sont pendus sous la main du premier venu à côté des pipes à bouquins d'ambre, et les matelots sont vêtus comme des personnages de l'*Embarquement pour Cythère*.

La pièce, relativement grande, qui sert de salon et de salle à manger, est entourée de divans de soie et occupée en grande partie par une table carrée sur laquelle ont été déjà achevés plus de volumes qu'il n'en fallait autrefois pour faire la réputation de deux écrivains. Les panneaux de la boiserie, panneaux carrés disposés régulièrement et tendus de soie, sont remplis par de belles armes du Caucase aux fourreaux d'argent ciselé. Un seul d'entre eux est entièrement rempli par les croix et les ordres d'Alexandre Dumas. Parmi ces nobles joyaux, on remarque surtout la croix d'honneur portée et donnée à Dumas par l'empereur Alexandre. Le petit boudoir, séparé du salon par un étroit passage, est de même divisé en panneaux, mais ceux-ci ornés de délicieux tableaux peints par M. Régnier sur des planches d'érable et de citronnier. Ce sont de légères figures mythologiques lancées en plein ciel, des nymphes, des déesses de la nuit, des divinités amoureuses agitant leurs pâles écharpes bleues. Ces images, d'un dessin très-pur, ordonnées avec un vrai sentiment de l'antique, sont admirablement conçues pour être vues sans cesse et dans un espace resserré. L'harmonie calme des lignes, la simplicité des poses, la douceur un peu terne de la couleur, la grâce un peu effacée des personnages, qui semblent fuir au loin, éloignent toute idée de fatigue, et gardent pour le regard un charme moins vif que pénétrant et durable. Inutile de dire que les divans de soie se retrouvent dans cette cabine comme dans l'autre ; il y en a partout, il y en a sur le pont, il y en aurait sur les vergues si un audacieux tapissier avait su les y installer.

L'auteur de *Monte-Cristo*, qui travaille sans cesse et ne se couche jamais, aime à s'entourer des meubles les mieux faits pour la paresse, sans doute afin de se donner le mérite de son renoncement. Infatigable ce jour-là comme d'ordinaire, il était partout, montrant aux hommes les détails de sa mâture, racontant aux dames les combats épiques de Schamyl, offrant à ceux-ci du champagne et du marsala dans de petits gobelets d'argent et d'or délicatement ciselés, renseignant les autres sur les pièces en répétition au théâtre du Vaudeville et à la Porte-Saint-Martin. Toujours prêt à répondre à toutes les questions, à recommencer les explications les plus longues et les plus fastidieuses, qu'il sait rendre attrayantes, non-seulement Alexandre Dumas n'a jamais ennuyé personne, mais il semble posséder un talisman pour ne pas être ennuyé par les autres, car les conversations les plus banales le trouvent souriant et dispos, et souvent, malgré son interlocuteur, il sait en faire jaillir l'esprit en lumineuses étincelles.

L'illustre voyageur espérait mettre à la voile le soir même pour Monaco et Gênes, mais il avait compté sans ses hôtes. Il ne sait pas résister à une prière, et on le pria instamment d'assister à la représentation du Théâtre-Royal. Après le spectacle, les comédiens voulurent le reconduire avec des torches jusqu'au jardin

d'Alphonse Karr, qui lui donnait l'hospitalité.
Certes, les torches flamboyantes ne pouvaient
lutter avec les astres dans un plus beau décor ;
les six mille rosiers en fleurs qui décorent ce
jardin, les orangers parfumés, les pièces d'eau
où rampe le lotus, s'éclairaient au hasard ; on
entrevoyait, comme des reptiles immenses, les
bras de vigne qui s'élancent d'un arbre à l'autre en formant des arceaux géants. Les nappes
de rosiers, noires dans la nuit, gravissaient les
corps de bâtiments, et s'étendaient en plafonds
d'ombre, traversés quelquefois par un rayon de
lune qui montrait quelques fleurs de pourpre
sanglante. Comme au matin, le rossignol chantait ; on entendait murmurer doucement sur
son lit creusé dans la pierre le ruisseau qui
arrose d'un bout à l'autre ce parc odorant, fleuri
et démesuré, et sous les clartés vacillantes on
voyait les feuilles aiguës des yuccas et des aloès
déchirer le ciel. Oh ! comme à ce moment-là
on eût payé cher quelques soupirs d'une harpe

sous les feuillages noirs ! Mais il n'y a plus de harpes et plus de harpistes à Nice ; les pianistes eux-mêmes se sont enfuis ; car la saison dite *la belle saison* est irrévocablement terminée, et les oiseaux seuls sont d'assez mauvaise compagnie pour faire encore de la musique dans le midi, passé l'Ascension.

Je plains les dandies cruellement liés au joug de la mode, qui se croient forcés de quitter Nice avant le mois de mai ; ils n'auront vu ni les orangers en fleurs ni les lucioles. Dans les sombres feuilles de l'oranger, quelle brillante parure et quelle fête, cette blanche floraison aux boutons hardis, purs, levés vers le ciel ! En ce temps-là, le parfum des fleurs d'oranger est si pénétrant, qu'il remplit toute la campagne ; on le respire avec l'air, il s'attache aux vêtements, aux chevelures, et imprègne tout de ses senteurs enivrantes ; le soir, il se mêle à la brise, et c'est un vent parfumé d'orange qui courbe les gazons et fait tressaillir les feuilles des arbres. A cette heure si douce dans les jardins de Nice, derrière le feuillage bleu des oliviers, le ciel se teint de rose et de couleur chair comme dans les tableaux de Watteau ; au loin, la mer pâlit et se glace d'argent, et alors devant vous, à vos côtés, sur vos pas, mille feux ailés s'allument ; ils vont, passent, se croisent, s'embrassent, se mêlent en mille dessins imprévus et gracieux : c'est l'heure des lucioles ! Ces vivantes étincelles, ces mouvantes étoiles tombées de l'azur, passent dans le sombre gazon, voltigent autour des oliviers, parfois se posent sur une fleur, et réveillent pour un instant la tendre couleur des roses. Comme si des nymphes, comme si des fées bondissantes conduisaient des chœurs à travers les grandes herbes, invisibles, mais portant au front une flamme vive et tremblante, vous les voyez paraître, s'effacer, fuir, faisant la terre étoilée comme le ciel, et cette simple mouche au nom délicieux emporte avec elle toutes les resplendissantes lueurs de la chrysoprase ! Au même instant s'éveillent les feux follets, roses, bleuâtres, pâles, qui se lèvent devant vous, vous appellent, vous guident, vous entraînent vers l'endroit où ils veulent vous conduire. Viens, disent-ils, là est le repos, là est l'harmonie, là est le bonheur tant cherché, suis-nous ! Et moi je les suis, je les suis amoureusement, comme j'ai fait depuis que je suis au monde. S'ils conduisent aux désespoirs et aux abîmes, n'est-ce rien d'y être allé par une route parfumée, sous de blancs rayons, au murmure d'un flot sonore, en marchant parmi des fleurs tremblantes, et en poursuivant désespérément des flammes et des étoiles ?

PARIS, 9, RUE DES BEAUX-ARTS.

CATALOGUE
DE LA LIBRAIRIE
POULET-MALASSIS ET DE BROISE

1ᵉʳ JUILLET 1860

Les demandes faites par lettres affranchies et accompagnées d'un mandat sur la poste, sont expédiées *franco*.

Publications du mois de Juillet 1860.

HISTOIRE POLITIQUE ET LITTÉRAIRE DE LA PRESSE EN FRANCE, avec une introduction historique sur les origines du Journal et la Bibliographie générale des journaux depuis leur origine, par Eugène Hatin, cinquième vol., in-8°. 6 fr.
In-12. 4 fr.

(L'ouvrage aura sept volumes et sera terminé en octobre 1860).

VOYAGE DANS LA SUISSE FRANÇAISE ET LE CHABLAIS, avec une carte, par Alfred de Bougy (suivi d'opuscules posthumes de J.-J. Rousseau, et de lettres inédites de madame de Warens), 1 vol. 3 fr.

CHAMPIONNET, général des armées de la République française, ou les campagnes de Hollande, de Rome et de Naples, par A. R. C. de Saint-Albin, ancien secrétaire général au ministère de la guerre, sous le général Bernadotte, depuis roi de Suède et de Norwége, 1 vol. 2 fr.

LES ANABAPTISTES DES VOSGES, par Alfred Michiels, 1 vol. 3 fr.

LE MALHEUR D'HENRIETTE GÉRARD, par Duranty, avec quatre eaux-fortes d'Alphonse Legros, 1 vol. 3 fr.

Bibliothèque Moderne.

FORMAT GRAND IN-12.

(On a tiré quelques exemplaires sur papier vergé de chacun des Livres de cette Bibliothèque, à un prix double de celui des exemplaires ordinaires.)

Livres à 3 fr.

VOYAGE DANS LA SUISSE FRANÇAISE ET LE CHABLAIS, avec une carte, par ALFRED DE BOUGY (suivi d'opuscules posthumes de J.-J. Rousseau, et de lettres inédites de madame de Warens), 1 vol.

LES ANABAPTISTES DES VOSGES, par ALFRED MICHIELS, 1 vol.

LES OUBLIÉS ET LES DÉDAIGNÉS, figures littéraires du XVIIIe siècle, par CH. MONSELET (*Linguet — Mercier — Dorat-Cubières — Olympe de Gouges — Le Cousin Jacques — Le Chevalier de la Morlière — Le Chevalier de Mouhy — Desforges — Gorgy — La Morency — Plancher-Valcour — Baculard d'Arnaud — Grimod de la Reynière*), 1 vol.

LES FLEURS DU MAL, par CHARLES BAUDELAIRE, 1 vol. (épuisé).

LES PARADIS ARTIFICIELS. OPIUM ET HASCHISCH, par CHARLES BAUDELAIRE, 1 vol.

POÉSIES COMPLÈTES de THÉODORE DE BANVILLE (*Les Stalactites, Odelettes; Le Sang de la Coupe, La Malédiction de Vénus*, etc.); avec une eau-forte titre, dessinée et gravée par LOUIS DUVEAU. 1 vol.

POÉSIES COMPLÈTES de LECONTE DE LISLE (*Poëmes antiques — Poëmes et Poésies*, ouvrages couronnés par l'Académie française — *Poésies nouvelles*), in-12, avec une eau-forte, dessinée et gravée par LOUIS DUVEAU, 1 vol.

LES PHILIPPIQUES de LAGRANGE-CHANCEL, nouvelle édition, revue sur les éditions de Hollande, sur le manuscrit de la bibliothèque de Vesoul, et sur un manuscrit aux armes du Régent, précédée de Mémoires pour servir à l'histoire de Lagrange-Chancel et de son temps, en partie écrits par lui-même, avec des notes historiques et littéraires, par M. DE LESCURE, 1 vol.

Affaire du Collier. — MÉMOIRES INÉDITS DU COMTE DE LAMOTTE-VALOIS, sur sa vie et son époque, — 1754-1830 — publiés d'après le manuscrit autographe, avec un historique préliminaire, des pièces justificatives et des notes, par Louis Lacour, 1 vol.

EN HOLLANDE, lettres à un ami, par Maxime Du Camp, suivies des catalogues des musées de Rotterdam, La Haye et Amsterdam, 1 vol.

IMPRESSIONS ET VISIONS, par Henri Cantel, précédées d'une préface par Hippolyte Babou, 1 vol.

CAMPAGNES D'ITALIE de 1848 et 1849, par le général Schœnhals, aide-de-camp de Radetsky, ouvrage traduit sur la 7e édition allemande, par Théophile Gautier fils, avec une préface et une carte, 1 vol.

LETTRES SATIRIQUES ET CRITIQUES, avec un défi au lecteur, par Hippolyte Babou. (*De l'Amitié littéraire.* — *L'Académie française et ses Historiens.* — *La Jeunesse d'un Évêque.* — *Le Noviciat de Balzac.* — *Opinions d'une Femme du Monde, d'un Diplomate et d'un Pédant sur le génie de Balzac.* — *M. Taine au Jardin des Plantes.* — *Les Mérites de M. de Sacy.* — *La Poésie funambulesque.* — *La Critique-Bouffe.* — *La Littérature jaune.* — *Les Gavarnistes.* — *Biographie et Calomnie.* — *L'Esprit de Voltaire et l'Esprit de Calvin.* — *Le Jugement dernier du Caveau.* — *La nouvelle Poésie provençale.* — *La Littérature et les Arts latéraux.* — *Deux écrivains romanesques.* — *Un Savant à l'Académie.* — *L'Arbre noir*), 1 vol.

POÈTES CONTEMPORAINS EN ALLEMAGNE, par N. Martin, chargé d'une mission littéraire en Allemagne (Nouvelle série). — (*Chansons des Étudiants.* — *Les Chants de Chasse.* — *Les Chants de guerre de l'Epopée germanique :* Les Nibelûngen. — *Adelbert de Chamisso et son Poëme:* Salas y Gomez. — *Le Comte de Platen et l'Italie.* — *Poésies traduites de Henri Heine.* — *La Poésie allemande en Alsace.* — *Maurice Hartmann.* — *Nouvelle Pléiade poétique de la Basse-Saxe.* — *Légendes et Poètes de la vallée du Rhin*), 1 vol.

HISTOIRE LITTÉRAIRE DE LA CONVENTION NATIONALE, par Eugène Maron, 1 vol.

Livres à 2 fr.

LA SUCCESSION LE CAMUS, par Champfleury, avec un frontispice dessiné et gravé par François Bonvin, 1 vol.

LES DERNIERS CONTES de Jean de Falaise, avec une eau-forte de Jules Buisson (*Le Curé de Maubosc. — Curieux extrait d'un Rapport nouvellement présenté à l'Académie de Falaise. — Trignac. — Mademoiselle Gueru. — Latuin et Goudoriel. — Suzanne. — Georgine. — Les Emigrés normands. — Quel souvenir de jeunesse eut un juré du Calvados*), 1 vol.

LETTRES FAMILIÈRES ÉCRITES D'ITALIE A QUELQUES AMIS, DE 1739 A 1740, par Ch. de Brosses, avec une étude littéraire et des notes par Hippolyte Babou. (Seule édition sans suppressions). 2 vol.

LETTRES D'UN MINEUR EN AUSTRALIE, par Antoine Fauchery, 1 vol.

COURONNE, histoire juive, par Alexandre Weill, 1 vol.

EMERAUDE, par Alexandre Weill, 1 vol.

HISTOIRE DE LA GRANDE GUERRE DES PAYSANS, par Alexandre Weill, 2ᵉ édition revue, corrigée et précédée d'une nouvelle préface, 1 vol.

ESQUISSES PARISIENNES, scènes de la vie, par Théodore de Banville (*Les Parisiennes de Paris. — Les Noces de Médéric. — Un Valet comme on n'en voit pas. — La vie et la mort de Minette. — Sylvanie. — Le Festin des Titans. — L'illustre Théâtre.*) 1 vol.

LES PAYENS INNOCENTS, nouvelles, par Hippolyte Babou (*La Gloriette — Le Curé de Minerve — Le dernier Flagellant — L'Hercule chrétien, Jean de l'Ours — Histoire de Pierre Azam — La chambre des belles Saintes*), 1 vol.

ESSAIS SUR L'ÉPOQUE ACTUELLE. — LIBRES OPINIONS MORALES ET HISTORIQUES, par Emile Montégut (*Du Génie français — La Renaissance et la Réformation — Des Controverses sur le XVIIIᵉ siècle — De la Toute-Puissance de l'Industrie — De l'Individualité humaine dans la Société moderne — De l'Idée de Monarchie universelle — De l'Homme éclairé — De l'Italie et du Piémont — Fragment sur le Génie italien — Werther — Hamlet — Confidences d'un Hypocondriaque*), 1 vol.

LA DOUBLE VIE, nouvelles, par Charles Asselineau (*Le Cabaret des Sabliers — L'Auberge — Les Promesses de Timothée — Mon Cousin don Quixote — Le Roman d'une Dévote — Le Mensonge — Le plus beau Temps de la Vie — La Jambe — La Seconde Vie — L'Enfer du Musicien — Le Presbytère*). 1 vol.

CONTES DE LA MÉRIDIENNE, par Henri de Lacretelle (*Lucciola. — La Robe blanche. — Serena. — Le Cygne de Mantoue. — Le Banc du Jardin. — La Terrasse du Docteur*). 1 vol.

LES TRÉTEAUX DE CHARLES MONSELET, farces et dialogues, avec un frontispice dessiné et gravé par Bracquemond (*L'Académie. — Le Siége de la Revue des Deux-Mondes. — La Bibliothèque. — Le Vaudeville du Crocodile. — Les Pastilles de Richelieu. — Les deux Dumas. — Les Fils. — Quatre hommes et un caporal. — La Police littéraire. — L'Enfer des gens de lettres. — La Semaine d'un Jeune Homme pauvre. — Le Duel. — La Distribution des Prix. — Mon Ennemi*). 1 vol.

HONORÉ DE BALZAC, par Théophile Gautier, édition revue et augmentée, avec un portrait gravé à l'eau-forte par E. Hédouin, et des fac-simile d'autographes, 1 vol.

LES AMIS DE LA NATURE, par Champfleury, avec un frontispice gravé par Bracquemond, d'après un dessin de Gustave Courbet, et une caractéristique des œuvres de l'auteur par Edmond Duranty, 1 vol.

MONSIEUR DE BOISDHYVER, par Champfleury, avec quatre eaux-fortes dessinées et gravées par Amand Gautier. 1 vol.

OPUSCULES HUMORISTIQUES DE SWIFT, traduits pour la première fois par Léon de Wailly (*Instructions aux domestiques. — Proposition pour l'encouragement de la poésie en Irlande. — Lettre à une très-jeune personne sur son mariage. — Traité des bonnes manières et de la bonne éducation. — Résolution pour l'époque où je deviendrai vieux. — Bévues, défectuosités, calamités et infortunes de Quilca. — Modeste proposition pour empêcher les enfants des pauvres en Irlande d'être à charge à leur pays. — Prédictions pour l'année 1708. — Dernières paroles d'Ebenezer Elliston au moment d'être exécuté. — Méditation sur un balai. — Irréfutable essai sur les facultés de l'âme. — Pensées sur divers sujets moraux et divertissants*). 1 vol.

OMBRES ET VIEUX MURS, par Auguste Vitu (*La Grange-Batelière — François Suleau — Le Château de Tournoël — La Lanterne — L'Hermite de la Chaussée-d'Antin — Le Lendemain du Massacre — Le Château de Lesdiguières — Le Rhum et la Guillotine — Le Pont-de-Beauvoisin. S.-Geoire — Paul-Louis Courier — L'Almanach Royal — La Paresse et les Paresseux*). 1 vol.

A LA GRAND'PINTE, poésies d'Auguste de Chatillon, avec une préface de Théophile Gautier, seconde édition très-augmentée, 1 vol.

LES PRINCES DE LA MAISON ROYALE DE SAVOIE, par M. Edouard de Barthélemy, 1 vol.

Livres de Formats divers.

UN AVENTURIER LITTÉRAIRE, par Edouard Goepp, 1 vol. in-18. 2 fr.

EUX ET ELLES, histoire d'un scandale, par M. de Lescure; 2e édition revue et augmentée d'une préface, 1 vol. in-8°. 3 fr.

MOEURS ITALIENNES, précédées d'une introduction sur le pouvoir temporel du Pape, et suivies de considérations sur l'avenir de l'Italie, par Paul Desmarie, 1 vol. in-18. 2 fr.

ÉMAUX ET CAMÉES, par Théophile Gautier, seconde édition augmentée, avec fleurons, culs-de-lampe et en-tête dessinés par E. Therond, 1 vol. in-8°. 3 fr.

THÉOPHILE GAUTIER, par Charles Baudelaire, notice littéraire, précédée d'une lettre de Victor Hugo, avec un portrait de Théophile Gautier, gravé par E. Thérond, 1 vol. in-8° (même format qu'*Emaux et Camées*). 1 fr.

SOPHIE ARNOULD, d'après sa correspondance et ses mémoires inédits, par Ed. et J. de Goncourt, 2e édition, 1 vol. 4 fr.

ŒUVRES INÉDITES DE PIRON, prose et vers, accompagnées de Lettres également inédites adressées à Piron par Mesdemoiselles Quinault et de Bar, avec une introduction et des notes par Honoré Bonhomme. — 1 v. in-8° avec fac-simile. 6 fr.
     1 v. in-12 *id* 3 fr. 50

RECUEIL DES FACTUMS d'Antoine Furetière, de l'Académie françoise, contre quelques-uns de cette académie, suivi des preuves et pièces historiques données dans l'édition de 1694, avec une introduction et des notes historiques et critiques, par Charles Asselineau, 2 vol. in-16. 7 fr.

LA DÉFECTION DE MARMONT EN 1814, ouvrage suivi d'un grand nombre de documents inédits ou peu connus, d'un précis des jugements de Napoléon 1er sur le maréchal Marmont, d'une notice bibliographique avec extraits de tous les ouvrages publiés sur le même sujet, par Rapetti, 1 vol. in-8° 6 fr.

LE COMTE GASTON DE RAOUSSET-BOULBON, SA VIE ET SES AVENTURES, D'APRÈS SES PAPIERS ET SA CORRESPONDANCE, par Henry de la Madelène, 1 vol. in-12, 2e édition. 1 fr.

HISTOIRE CRITIQUE ET ANECDOTIQUE DE LA PRESSE PARISIENNE, 2e et 3e années (1857-1858), par Firmin Maillard, 1 vol. in-18. 2 fr.

LA LORGNETTE LITTÉRAIRE, DICTIONNAIRE DES GRANDS ET DES PETITS AUTEURS DE MON TEMPS, par Ch. Monselet, 2e édition, 1 vol. in-16. 1 fr.

LA FOIRE AUX ARTISTES, petites comédies parisiennes, par Aurélien Scholl, 2e édition, 1 vol. in-16. 1 fr.

PHILOSOPHIE DU SALON DE 1857, par Castagnary, 1 vol. in-16 sur papier vergé. 1 fr.

LES 14 STATIONS DU SALON DE 1859, suivies d'un récit douloureux, par Zacharie Astruc, 1 vol. in-18. 2 fr.

LE SALON INTIME, EXPOSITION AU BOULEVARD DES ITALIENS, par Zacharie Astruc, avec une préface extraordinaire, eau-forte de Carolus Duran, 1 vol in-18.

DU GÉNIE FRANÇAIS, par Emile Montégut, 1 vol. in-16. 1 fr.

LANDES FLEURIES, poésies, par Paul Vrignault, fort in-18. 3 fr.

PARIS ET LE NOUVEAU LOUVRE, ode, par Théodore de Banville, in-8°. 50 c.

Publications à petit nombre.

HISTOIRE DU SONNET POUR SERVIR A L'HISTOIRE DE LA POÉSIE FRANÇAISE, par Ch. Asselineau, 2e édition, in-8°. 3 fr.

JEAN DE SCHELANDRE, POETE VERDUNOIS (1585-1635) étude littéraire suivie de la réimpression des *Gayetés*, d'après le seul exemplaire connu, par Charles Asselineau, 2e édition, in-8°. 3 fr. 50

ANDRÉ BOULLE, ébéniste de Louis XIV, par Charles Asselineau, 2e édition, in-8°. 1 fr. 50 c.

LES MÉMOIRES DE Mme DE LA GUETTE, par Hippolyte Babou, in-8°. 1 fr.

LA CARTE A PAYER D'UNE DRAGONNADE NORMANDE EN 1685, par Louis Lacour, in-8°. 1 fr. 50

UN COURRIER DE PARIS EN 1664. — LETTRE INÉDITE DE MÉZERAY, publiée par J.-Edouard Gardet, in-8°. 1 fr.

ANTOINE LEMAITRE, par Rapetti, ancien professeur suppléant au Collége de France, in-8°. 1 fr. 50

QUELQUES MOTS SUR LES ORIGINES DES BONAPARTE, par Rapetti, nouvelle édition, in-8°. 2 fr.

DE LA MODE, par Théophile Gautier. 6 fr.

Livres en Dépôt.

Littérature.

MOSCHEK, mœurs polonaises, par Hollœnders, 1 vol. in-12, 2 fr.

SUISSE ET SAVOIE, souvenirs de voyage, par H. Champly, in-12. 1 fr.

VISIONS D'AMOUR, par J. E. Allaux, in-18. 1 fr.

DU RÉTABLISSEMENT DE L'ORDRE DE MALTE, par M. de Barghon Fort-Ryon, brochure in-8°. (*Se vend au profit de l'Œuvre.*) 60 c.

Industrie.

ESSAI SUR L'ÉTAT ACTUEL DE L'INDUSTRIE ARDOISIÈRE EN FRANCE ET EN ANGLETERRE, par L. Smyers, in-8°. 2 fr.

Histoires locales.

MÉMOIRES HISTORIQUES SUR LA VILLE D'ALENÇON ET SUR SES SEIGNEURS, précédés d'une dissertation sur les peuples qui ont habité anciennement le duché d'Alençon et le comté du Perche, et sur l'état ancien de ces pays, par Odolant Desnos, seconde édition publiée d'après les corrections et les additions manuscrites de l'auteur et annotée par M. Léon de La Sicotière, avocat, ancien directeur de la Société des Antiquaires de Normandie, suivie d'une bibliographie alençonnaise, de la recherche de la noblesse de la généralité d'Alençon et d'autres pièces justificatives, in-8° (première partie). 4 fr.

HISTOIRE DES COMTES DU PERCHE DE LA FAMILLE DES ROTROU, par O. Des Murs, in-8°, avec planche. 6 fr.

HISTOIRE DE MARGUERITE DE LORRAINE, DUCHESSE D'ALENÇON, bisaïeule de Henry IV, fondatrice et religieuse du monastère de Sainte-Claire d'Argentan (diocèse de Seès), par l'abbé E. Laurent, chanoine honoraire de Bayeux, 1 vol. in-12.   2 fr. 50 c.

NOTICE HISTORIQUE SUR L'ABBAYE ROYALE DE SAINTE-CLAIRE D'ARGENTAN, pour faire suite à l'Histoire de Marguerite de Lorraine, par l'abbé E. Laurent, 1 vol. in-12. 2 fr. 50

SAINT-GERMAIN D'ARGENTAN (diocèse de Séez), histoire d'une paroisse catholique pendant les trois derniers siècles, par l'abbé E. Laurent, in-16.   2 fr. 50 c.
Ces trois derniers volumes pris ensemble   5 fr.

LA MAJOR, cathédrale de Marseille, par Casimir Bousquet, in-8°, avec planches.   8 fr.

ANNALES DES CAUCHOIS DEPUIS LES TEMPS CELTIQUES JUSQU'A 1830, par Ch.-Juste Houël, avocat à la cour royale de Paris. 3 vol. in-8°, ensemble de près de 1,500 pages. 12 fr.

En cours de publication

—

Histoire politique et littéraire de la Presse en France, avec une Introduction historique sur les Origines du Journal et la Bibliographie générale des journaux depuis leur origine, par Eugène Hatin.

—

AVANT 1789

Introduction historique. — Recherches sur les origines du Journal chez les anciens et chez les modernes. — Chroniqueurs, Gazetiers et Nouvellistes. — Gazettes manuscrites, Nouvelles à la main.

Naissance du Journal. — La *Gazette*, histoire et bibliographie. — Son fondateur Th. Renaudot, ses inventions et ses tribulations ; ses démêlés avec la Faculté de Médecine, avec la Fronde.

La Presse sous la Fronde ; explosion de l'esprit polémique. Les *Mazarinades*. Essais de journalisme.

Gazettes en vers : La *Muse historique* de Loret. Ses imitateurs, Scarron, Mayolas, etc.

Le Petit Journal. — Alliance de la politique et de la littérature : le *Mercure galant* et ses imitateurs ; le *Journal de Paris*, premier journal quotidien en France, etc. — Alliance de la littérature et de l'industrie : les *Petites Affiches*, etc.

La Presse littéraire : Histoire du *Journal des Savants ;* Bayle et ses *Nouvelles de la République des Lettres ;* Basnage, Le Clerc, etc., *Journal de Trévoux*, etc., etc.

Lutte du journalisme contre l'esprit philosophique et littéraire du xviiie siècle. — L'abbé Desfontaines et Fréron, le *Nouvelliste du Parnasse*, l'*Année littéraire*, etc., etc.

Journaux historiques et Journaux français publiés à l'étranger : *Journal de Verdun, Journal de Genève, Annales* de Linguet, etc.

Journaux clandestins : *Nouvelles ecclésiastiques ; Journal du Despotisme*, etc.

Encore les *Nouvelles à la main*.

DEPUIS 1789

La Presse pendant la Révolution ; — sous l'Empire, — sous la Restauration ; — sous la Monarchie de Juillet ; — en 1848.

Etat actuel de la Presse : Les Journaux et les Journalistes ; Législation de la Presse, etc.

Résumé politique : Ce qu'a été la Presse, — Ce qu'elle est, — Ce qu'elle devrait être.

Bibliographie, depuis l'origine des journaux jusques et y compris 1858.

—

L'Histoire politique et littéraire de la Presse en France formera sept beaux volumes d'environ 500 pages chacun. Elle paraît en même temps in-8° et grand in-12.

Les cinq premiers volumes sont en vente. L'ouvrage sera achevé en octobre 1860.

PRIX DU VOLUME IN-8° : 6 FR. ;
— IN-12 : 4 FR.

En cours de publication à la même Librairie

HISTOIRE DE SOIXANTE ANS

PAR

HIPPOLYTE CASTILLE

10 VOL. IN-8º AVEC 40 PORTRAITS

A une époque où les *Mémoires* et les *Correspondances* posthumes viennent contredire l'histoire écrite il y a vingt et trente ans sur les documents officiels, si souvent contraires à la vérité, notre chronique nationale des soixante dernières années qui suivent la Révolution s'altère. La connaissance de cette période de notre histoire est cependant le complément nécessaire de l'éducation de tout Français, à quelque classe qu'il appartienne.

Or l'éparpillement de cette période historique est aujourd'hui tel, que le seul épisode des Girondins, sous la plume féconde de M. de Lamartine, forme huit volumes in-8º. Les redites qui sont la conséquence de cet éparpillement ne sont pas moins frappantes. Il est évident, par exemple, que le récit de la bataille de Waterloo clora l'œuvre de M. Thiers et commence celle de M. de Vaulabelle; que la Révolution de juillet finit le livre de M. de Vaulabelle et commence celui de M. Louis Blanc. L'enchaînement des faits en est rompu, et ces doubles récits forment pour le lecteur des volumes à peu près superflus.

La refonte et la condensation de ces vastes matériaux devient chaque jour d'une utilité plus pressante. M. Hippolyte Castille a entrepris depuis plusieurs années ce grand travail que nous publions sous un titre qui en précise le cadre: *Histoire de soixante ans*. C'est une œuvre que ses difficultés et son importance recommandent à la plus sérieuse attention.

L'*Histoire de soixante ans*, en dehors des hautes considérations qui ont déterminé son auteur à l'écrire, offre, au point de vue matériel, des avantages qu'il ressort des attributions des éditeurs d'exposer au public.

Pour connaître aujourd'hui l'histoire des faits qui se sont écoulés en France depuis 1788 jusqu'à la Révolution de février 1848, on est obligé, en se bornant à un seul écrivain par époque, de lire, je suppose, le nombre de volumes suivants

THIERS,	*Histoire de la Révolution*...........	10 vol.
—	*Histoire du Consulat et de l'Empire*.	18 vol.
VAULABELLE,	*Histoire des Deux Restaurations*	8 vol.
LOUIS BLANC,	*Histoire de Dix ans*.............	5 vol.
ÉLIAS REGNAULT,	*Histoire de Huit ans*......	3 vol.
	TOTAL...................	44 vol.

Outre une dépense de temps considérable, c'est une dépense d'argent qui ne s'élève pas à moins de *deux à trois cents francs.*

Une histoire en dix volumes, comprenant la même période historique, offre donc une économie de temps et une économie d'argent considérables.

Dix volumes permettent facilement d'ailleurs à tous les faits de trouver leur place. Ils n'offrent pas l'inconvénient des précis. Ce qu'on nomme en littérature l'*intérêt*, la *couleur*, le *détail intime*, peut se produire à l'aise dans l'espace de dix volumes, sans que la matière historique, contenue dans de justes limites, puisse s'étendre et dégénérer en roman.

Unité de doctrine, unité de méthode, unité de récit, précision et condensation des faits ; économie de temps ; bon marché ; tels sont les avantages que cette publication offre au public.

Une table de classement des portraits sera imprimée à la fin du dernier volume de chacune des séries dont se composera l'*Histoire de soixante ans*. La La première série, *La Révolution*, 1789—1800, formera 4 volumes.

Les trois premiers volumes sont en vente avec les portraits de Louis XVI, Marie-Antoinette, Mme de Lamballe, Mirabeau, Danton, Robespierre, Saint-Just, Mme Roland, Camille Desmoulins, Marat, Vergniaud, Charlotte Corday.

Prix du volume avec quatre portraits : 5 fr.

Alençon. — Typ. de POULET-MALASSIS et DE BROISE.